Das Gefängnis der Freiheit

Michael Ende

Das Gefängnis der Freiheit

Geschichten von Wundern und Zeichen

Besuchen Sie uns im Internet:
www.hockebooks.de

Michael Ende: Das Gefängnis der Freiheit.
Geschichten von Wundern und Zeichen

Covergestaltung: Joachim Luetke (www.luetke.com) unter Verwendung eines Ausschnitts des Gemäldes »Der dunkle und der helle Engel« (1946, Öl auf Leinwand, WZ 108) von Edgar Ende

Die Originalausgabe ist 1992 im Weitbrecht Verlag in K. Thienemanns Verlag, Stuttgart/Wien, erschienen.

Herstellung: BoD – Books on Demand, Norderstedt
Printed in Europe

ISBN: 978-3-95751-261-1

www.michaelende.de
www.ava-international.de

Inhalt

Einer langen Reise Ziel

Mit acht Jahren kannte Cyril alle Grandhotels des europäischen Kontinents und die meisten des Vorderen Orients, aber darüber hinaus kannte er so gut wie nichts von der Welt. Der goldbetresste Portier, der überall den gleichen imposanten Backenbart und die gleiche Schirmmütze trug, war sozusagen der Grenzwächter und Hüter der Schwelle seiner Kinderzeit.

Cyrils Vater, Lord Basil Abercomby, stand im diplomatischen Dienst Ihrer Majestät, der Königin Victoria. Das Ressort, in dem er wirkte, war schwer zu definieren, es bestand aus sogenannten besonderen Aufgaben. Jedenfalls brachte es mit sich, dass der Lord ständig von einer Großstadt in die andere unterwegs war, ohne sich je länger als ein oder zwei Monate an demselben Ort aufzuhalten. Um der notwendigen Mobilität willen begnügte er sich mit der geringstmöglichen Anzahl von Begleitpersonal. Das war an erster Stelle sein persönlicher Kammerdiener Henry, ferner Miss Twiggle, die Gouvernante, ein ältliches Mädchen mit Pferdezähnen, das die Aufgabe hatte, sich um Cyrils Wohl zu kümmern und ihm Manieren beizubringen, und schließlich Mr. Ashley, ein magerer junger Mann von farblosem Charakter, wenn man von seiner Neigung absah, sich in seinen Mußestunden einsam und in aller Stille zu betrinken. Er diente Lord Abercomby als Privatsekretär und versah zugleich das Amt des Tutors, also des Hauslehrers für Cyril. In der Anstellung dieser beiden erschöpfte sich Basils väterliche Fürsorge. Einmal in der Woche dinierte er allein mit seinem Sohn, doch da beide darauf bedacht waren, den anderen nicht näher an sich herankommen zu lassen, schleppte sich die Konversation eher mühsam dahin. Am Ende waren beide gleichermaßen erleichtert, wenn es wieder einmal überstanden war.

Cyril war kein Kind, das Sympathie erweckte, schon rein äußerlich nicht. Er war – was man sonst nur von älteren Menschen zu sagen pflegt – hager von Gestalt, von einem knochigen, sozusagen fleischlosen Körperbau, hatte strohige, farblose Haare, wässrige, ein wenig vorquellende Augen, dicke Lippen, die Unzufriedenheit ausdrückten, und ein ungewöhnlich langes Kinn. Am merkwürdigsten aber für einen Jungen seines Alters war der völlige Mangel an Bewegung in seinem Gesicht. Er trug es wie eine Maske. Die meisten Hotelangestellten hielten ihn für arrogant. Manche – vor allem die Zimmermädchen in mediterranen Ländern – fürchteten sich vor seinem Blick und vermieden es, ihm allein zu begegnen.

Das war natürlich übertrieben, doch gab es da etwas in Cyrils Charakter, was alle, die mit ihm zu tun hatten, gleichermaßen zu spüren bekamen und gleichermaßen in Schrecken versetzte, und das war seine exzessive Willenskraft. Glücklicherweise äußerte sie sich nur hin und wieder, denn für gewöhnlich verhielt er sich eher indolent, zeigte keinerlei bestimmtes Interesse und schien ohne jedes Temperament zu sein. So konnte er tagelang in der Empfangshalle des Hotels sitzen und die Ankommenden und Abreisenden beobachten, oder er las, was er eben zu lesen fand, sei es die Finanzzeitung oder der Ratgeber für Badekuren, und vergaß das Gelesene sofort wieder. Doch diese gleichgültige Haltung änderte sich schlagartig, wenn er einen bestimmten Entschluss gefasst hatte. Dann gab es nichts auf der Welt, was ihn davon hätte abbringen können. Die kühle Höflichkeit, mit der er seinen Willen bekundete, ließ keinen Widerspruch zu. Versuchte jemand, sich seinem Befehl zu widersetzen, so hob er nur ein wenig erstaunt die Augenbrauen, und nicht nur Miss Twiggle und Mr. Ashley, sondern sogar der würdige alte Kammerdiener Henry beugte sich unverzüglich seinem Wunsch. Wie der Knabe das anstellte, war keinem der Betroffenen klar, und er selbst hielt es für so selbstverständlich, dass er nicht darüber nachdachte.

Einmal zum Beispiel sah er in der Hotelküche, in der er sich zum schweigenden Verdruss der Köche bisweilen herumtrieb, eine lebende Languste und ordnete sofort an, dass sie in seine Badewanne zu bringen sei. Das geschah, obwohl das Krustentier für den Abend von einem Hotelgast bestellt worden war. Cyril beobachtete das seltsame Geschöpf eine halbe Stunde lang, doch da es nichts weiter tat, als ab und zu mit seinen langen Fühlern zu winken, verlor er das Interesse, ging fort und dachte nicht mehr daran. Erst am Abend, als er baden wollte, fiel es ihm wieder ein, er trug es auf den Korridor hinaus und ließ es dort frei. Das Tier schleppte sich unter einen Schrank und kam nicht wieder zum Vorschein. Erst nach Tagen alarmierte zunehmender Fäulnisgestank das Hotelpersonal, welches einige Mühe hatte, die Quelle des unliebsamen Geruches ausfindig zu machen. Ein andermal zwang Cyril den Empfangschef eines dänischen Hotels, mehrere Stunden lang mit ihm gemeinsam einen Schneemann zu bauen, der dann in der Eingangshalle aufgestellt werden musste, wo er langsam zerfloss. In Athen ließ er nach einem Klavierkonzert, das im Speisesaal stattgefunden hatte, sowohl den Konzertflügel als auch den Pianisten auf sein Zimmer schaffen, wo er von dem unglücklichen Künstler forderte, ihm unverzüglich beizubringen, wie man auf dem Instrument spielte. Als er einsehen musste, dass es dazu offensichtlich längerer Übung bedurfte, bekam er einen Wutanfall, unter dem vor allem der Flügel zu leiden hatte. Danach wurde er ernstlich krank und musste etliche Tage mit Fieber das Bett hüten. Wenn Lord Basil von solchen exzentrischen Unternehmungen seines Sohnes erfuhr, schien er eher amüsiert als entrüstet.

»Er ist eben ein Abercomby«, pflegte sein gleichmütiger Kommentar zu sein. Er wollte damit vermutlich sagen, dass es in der langen Reihe ihrer Vorfahren so ziemlich jede Sorte von Verrückten gegeben hatte und dass Cyrils Launen aus diesem Grunde nicht mit dem Maßstab gewöhnlicher Menschen zu messen seien.

Geboren war Cyril übrigens in Indien, doch erinnerte er sich kaum noch an den Namen der Stadt und überhaupt nicht mehr an das Land. Sein Vater war damals am dortigen Konsulat beschäftigt gewesen. Auch über seine Mutter, Lady Olivia, wusste er nur, was Lord Basil ihm ein einziges Mal auf seine Fragen hin in mehr als knappen Worten mitgeteilt hatte, nämlich dass sie schon wenige Monate nach seiner Geburt mit einem Stehgeiger durchgebrannt war. Ganz offensichtlich schätzte der Vater Gespräche über dieses Thema ganz und gar nicht, und so fragte der Sohn ihn nie wieder. Von Mr. Ashley erfuhr er allerdings später, dass es sich dabei keineswegs um einen Stehgeiger, sondern um den seinerzeit weltberühmten Violinvirtuosen Camillo Berenici gehandelt habe, den Abgott der europäischen Damenwelt. Doch habe sich diese romantische Beziehung schon ein knappes Jahr später wieder aufgelöst, wie das bei solchen Affären eben so zu gehen pflege. Mr. Ashley schien die Angelegenheit nicht ohne Vergnügen zu erzählen, vielleicht war er aber auch nur etwas angetrunken und deshalb redselig. Der gesellschaftliche Skandal, so fuhr er fort, sei selbstverständlich beträchtlich gewesen. Lady Olivia habe sich danach ganz und gar von der Welt zurückgezogen und lebe inzwischen mehr oder weniger vereinsamt auf einem ihrer Landgüter in South-Essex. Offiziell hatte sich Lord Basil übrigens nie von ihr scheiden lassen, doch hatte er alle Bilder und Daguerreotypien, die es von seiner Gattin gab, verbrannt, und ihr Name wurde – bis auf jenes eine Mal – nie wieder von ihm erwähnt. Cyril kannte mithin nicht einmal das Aussehen seiner Mutter.

Warum Abercomby seinen Sohn mit sich in der Welt herumschleppte, anstatt ihn in eines der für seine Klasse obligatorischen Erziehungsinstitute zu stecken, war niemandem so recht klar und gab zu allerlei Vermutungen Anlass. Väterliche Zuneigung konnte es wohl kaum sein, denn es war allgemein bekannt, dass er sich, von seinen diplomatischen Pflichten einmal abgesehen, einzig und allein für seine Sammlung von Waffen und Militaria interessierte, die er durch ständige Ankäufe in aller Welt ergänzte und nach Claystone Manor, dem Stammsitz der Familie schickte – sehr zum Leidwesen des alten Butlers Jonathan, der schon nicht mehr wusste, wohin damit. Tatsächlich bestand der Grund ganz einfach in der Sorge, Lady Olivia könnte versuchen, auf irgendeine Weise heimlich Kontakt mit ihrem Kind aufzunehmen, wenn er die Situation nicht ständig unter Kontrolle hätte. Für Abercomby galt es, diese Möglichkeit absolut auszuschließen, nicht etwa wegen des Jungen, sondern um seine Gattin für die angetane Schmach zu bestrafen. Aus dem nämlichen Grunde vermied er es übrigens auch in all den Jahren, nach England zurückzukehren – es sei denn rein dienstlich für wenige Tage, während welcher er seinen Sohn im Ausland in der Obhut des Personals zurückließ.

Bei einer solchen Gelegenheit geschah es, dass der Knabe seine beiden Erzieher einmal in einer äußerst peinlichen Situation überraschte. Es war spät in der Nacht, als er aus irgendeinem Grund erwachte und nach der Gouvernante rief, die im Nebenzimmer schlief. Da er keine Antwort bekam, stand er auf und sah nach. Miss Twiggles Bett war unberührt. Er machte sich auf die Suche nach ihr. Als er am Zimmer des Tutors vorüberkam, hörte er seltsame, unterdrückte Laute. Behutsam öffnete er die Tür. Was er sah, interessierte ihn, darum trat er unbemerkt ein, setzte sich auf einen Stuhl und beobachtete aufmerksam die Szene. Mr. Ashley und Miss Twiggle, beide nahezu unbekleidet, rollten mit ineinander verschlungenen Gliedern wie in einem Ringkampf auf dem Teppichboden umher, wobei er grunzende und sie quietschende Laute von sich gab. Auf dem Tisch stand eine leere Whiskyflasche und zwei halb volle Gläser. Nach einer Weile schienen die beiden zu erlahmen und hielten keuchend inne. Cyril hüstelte diskret. Das Paar fuhr erschrocken empor und starrte ihn mit erhitzten Gesichtern an. Er wusste nicht recht, wie er sich die Sache deuten sollte, doch las er in beider Blicken Scham und Schuldbewusstsein. Das genügte ihm. Er erhob sich und ging schweigend in sein Zimmer zurück. Keiner von ihnen erwähnte den Vorfall an den Tagen danach, und auch Cyril schwieg. In das bisher schon reichlich hilflose Verhalten der Gouvernante und des Tutors mischte sich von da an eine Art von Unterwürfigkeit, die Cyril durchaus genoss. Wenn er auch nicht genau wusste warum, so fühlte er doch ganz deutlich, dass er die zwei moralisch in der Tasche hatte. Um den Abstand zwischen sich und ihnen zu betonen, bestand er darauf, hinfort beim Diner einen Tisch für sich allein zu haben. Dass er dabei von allen anderen Hotelgästen heimlich oder ganz unverhohlen angestarrt wurde wie ein sonderbares Tier im Zoo, störte ihn nicht im Geringsten. Danach setzte er sich meist noch allein für ein oder zwei Stunden in die Lounge. Wenn Miss Twiggle ihn schüchtern bat, doch ins Bett zu gehen, verbot er ihr kurzerhand den Mund und schickte sie fort. Er saß auf seinem Platz wie jemand, der nur die Zeit herumbringt, bis es endlich so weit ist. Und in der Tat wartete Cyril. Im Grunde wartete er, seit er auf der Welt war, nur wusste er nicht worauf.

Das änderte sich, als er eines Abends im Hotel »Inghilterra« in Rom durch die teppichbelegten Korridore wanderte und aus einer Fensternische, die durch großblättrige Zimmerpalmen verdeckt war, unterdrücktes, aber herzzerbrechendes Schluchzen hörte. Er näherte sich leisen Schrittes und entdeckte ein kleines Mädchen, etwa in seinem Alter, das mit hochgezogenen Beinen in einem der großen Lederfauteuils kauerte, ihr Gesicht in die Seitenlehnen drückte und in Tränen zerfloss. Das Schauspiel eines solch hemmungslosen Gefühlsausbruchs war für ihn neu und erstaunlich. Er betrachtete es eine Weile schweigend, ehe er schließlich fragte: »Kann ich etwas für Sie tun, Miss?«

Sie wandte ihm ihr verheultes Gesicht zu, schaute ihn bitterböse an und fauchte: »Glotz nicht so blöd mit deinen Fischaugen! Lass mich in Ruhe!«

Sie hatte Englisch gesprochen, aber auf eine breite, eigentümlich platt gedrückte Art, die er noch nicht kannte.

»Tut mir leid, Miss«, antwortete er mit einer kleinen Verbeugung. »Ich wollte nicht stören.«

Sie schien darauf zu warten, dass er wegging, aber das tat er nicht.

»Hau endlich ab«, schniefte sie. »Kümmere dich um deine eigenen Angelegenheiten.« Trotz der Grobheit ihrer Worte klang es schon weniger unfreundlich.

»Gewiss«, sagte er, »ich verstehe vollkommen, Miss. Erlauben Sie, dass ich mich einen Augenblick setze?«

Sie warf ihm einen zweifelnden Blick zu, weil sie sich nicht klar darüber war, ob er sich über sie lustig machte oder nicht. Dann zuckte sie die Achseln. »Tu doch, was du willst. Die Sessel gehören mir ja nicht.«

Er setzte sich ihr gegenüber und sah zu, wie sie sich die Nase putzte.

»Hat Ihnen jemand ein Leid zugefügt, Miss?«, erkundigte er sich schließlich.

Das Mädchen schnaubte. »Ja, Tante Ann. Sie hat mich überredet, auf diesen scheußlichen Europatrip mitzukommen. Und jetzt sind wir schon fast vier Monate von zu Hause weg, vier Monate, verstehst du, weil sie alles im Voraus bezahlt hat, und es war eine Menge Geld, sagt sie, und das will sie nicht zum Fenster rausschmeißen, bloß meinetwegen.«

Cyril überlegte eine Weile, dann meinte er: »Offen gestanden, Miss, ich sehe nicht, was daran so überaus schmerzlich sein könnte.«

»Hach«, machte sie ungeduldig, »ich hab eben einfach Heimweh, ganz schlimmes Heimweh.«

»Sie haben – was?«, fragte er verständnislos.

Das Mädchen plapperte weiter, als ob es Cyrils Frage nicht gehört hätte. »Wenn sie mich wenigstens allein zurückfahren ließe! Ich verlange ja gar nicht, dass sie mitkommt. Ich würde einfach das nächste Schiff nehmen und nach Hause fahren. Es ist mir ganz gleich, wie lange es dauert, es wäre jedenfalls die richtige Richtung. Ich würde mich sofort besser fühlen, jeden Tag ein bisschen mehr. Dad und Mum könnten mich ja vielleicht in New York abholen, weil ich mich mit der Eisenbahn nicht so gut auskenne.«

»Sind Sie denn krank, Miss?«, erkundigte sich Cyril.

»Ja … nein … ach, was weiß ich?« Sie sah ihn ärgerlich an. »Jedenfalls ist eines sicher. Wenn ich nicht sofort heimfahren kann, dann sterbe ich.«

»Tatsächlich?«, fragte er interessiert. »Und wieso?«

Und nun erzählte sie von einem kleinen Ort irgendwo im mittleren Westen der Vereinigten Staaten, wo ihr Vater und ihre Mutter lebten, zusammen mit ihren beiden kleineren Geschwistern Tom und Aby, und Sarah, die alte, dicke Schwarze, die so viele Lieder und Geistergeschichten kannte, und ihr kleiner Hund Fips, der Ratten fangen konnte und es einmal sogar mit einem Dachs aufgenommen hatte, und von dem großen Wald hinter dem Haus, wo es irgendwelche besonderen Beeren gab, und von einem gewissen Mr. Cunnigle, der im nächsten Ort einen Laden hatte, in dem man einfach alles kaufen konnte und in dem es so und so roch, und von tausend anderen völlig belanglosen Dingen. Sie redete sich in Begeisterung, es schien ihr richtig gutzutun, jede Einzelheit zu erwähnen, auch wenn diese noch so unwichtig war.

Cyril hörte zu und versuchte dahinterzukommen, was zum Teufel an alldem so Besonderes war, dass irgendjemand auf der Welt es nicht einmal für ein paar Monate vermissen mochte. Das Mädchen dagegen schien sich verstanden zu fühlen, denn zuletzt bedankte es sich bei ihm für sein Interesse und lud ihn ein vorbeizukommen, wenn er sich je in dieser Gegend befände. Dann ging die Kleine offensichtlich getröstet und erleichtert fort. Er hatte nicht einmal ihren Namen erfahren.

Am nächsten Tag war sie mit ihrer Tante wahrscheinlich schon weitergereist, er konnte sie nirgends entdecken und mochte nicht nach ihr fragen. Im Grunde war sie ihm auch völlig gleichgültig. Was ihn beschäftigte, war vielmehr der sonderbare Zustand des Mädchens, das, was sie Heimweh genannt hatte und worunter er sich ganz und gar nichts vorstellen konnte. Zum ersten Mal wurde ihm dunkel bewusst, dass er nie so etwas wie ein Zuhause besessen hatte, überhaupt nichts, wonach er sich hätte sehnen und verzehren können. Irgendetwas fehlte ihm da, das war offensichtlich, aber er konnte sich nicht klar darüber werden, ob das ein Vorzug oder ein Mangel war. Er beschloss, der Sache nachzugehen.

Mr. Ashley und Miss Twiggle und erst recht seinem Vater gegenüber erwähnte er nichts davon, aber mit fremden Leuten versuchte er von nun an häufig ins Gespräch zu kommen. Früher oder später brachte er die Konversation dahin, dass sie anfingen, über ihr Zuhause zu sprechen. Es war ihm gleich, ob es sich dabei um Kinder oder um alte Damen und Herren handelte, um das Zimmermädchen, den Pagen oder den Direktor des Hotels, denn er stellte schon bald fest, dass sie alle ohne Ausnahme gern darüber zu sprechen schienen, dass häufig ein Lächeln ihre Gesichter verklärte. Manche bekamen glänzende Augen und wurden redselig, andere befiel Melancholie, aber jedem schien die Sache eine Menge zu bedeuten. Obwohl die jeweiligen Einzelheiten bei allen verschieden waren, glichen die Berichte einander doch auch wieder in bestimmter Hinsicht. Nie war etwas Einmaliges, Besonderes daran, etwas, das einen solchen Aufwand von Gefühl gerechtfertigt hätte. Und noch etwas fiel ihm auf: Dieses Zuhause musste keineswegs der Ort sein, wo jemand geboren war. Ebenso wenig war es aber identisch mit dem gegenwärtigen Wohnort. Wodurch bestimmte es sich also, und wer bestimmte es? Tat das jeder nach eigenem Gutdünken? Warum hatte er dann nichts dergleichen? Offenbar besaßen alle Menschen außer ihm so etwas wie ein Heiligtum, eine Kostbarkeit, deren Wert zwar in nichts Handgreiflichem lag, in nichts, worauf man hinzeigen konnte, was aber dennoch Wirklichkeit war. Der Gedanke, dass gerade er von einem solchen Besitz ausgeschlossen sein sollte, schien ihm ganz unerträglich. Er war willens, ihn sich um jeden Preis zu verschaffen. Irgendwo auf der Welt musste es schließlich auch für ihn so etwas geben.

Cyril erwirkte von seinem Vater die Erlaubnis, längere Streifzüge außerhalb des jeweiligen Hotels unternehmen zu dürfen. Die Erlaubnis wurde ihm erteilt, allerdings unter der strikten Bedingung, solche Exkurse ausschließlich in Begleitung von Mr. Ashley oder Miss Twiggle oder beiden gemeinsam zu unternehmen.

Anfangs kam es ein paar Mal zu solchen Unternehmungen zu dritt, doch wurde Cyril sie sehr bald leid, denn die beiden Erzieher waren hauptsächlich mit sich beschäftigt. Miss Twiggle schien aus irgendeinem unerfindlichen Grund schrecklich unter Mr. Ashley zu leiden. Jedes ihrer Worte enthielt einen Vorwurf gegen ihn. Mr. Ashley dagegen antwortete mit Kälte und Spott. Cyril machte sich aus keinem der beiden viel, aber wenn er schon wählen musste – und das schien unvermeidlich – dann zog er Mr. Ashley für seine bestimmten Zwecke vor. Zur Überraschung und ein wenig auch zum Verdruss des Tutors, der sich inzwischen daran gewöhnt hatte, außerhalb der Dienst- und Unterrichtsstunden seinen eigenen, nicht immer ganz sittenstrengen Vergnügungen nachzugehen, schien Cyril entschlossen, ihn von nun an überallhin zu begleiten. Mr. Ashley, der ja die wahren Motive seines Schülers nicht kannte, seufzte zwar insgeheim, war aber andererseits sogar ein wenig stolz, weil er das plötzlich erwachte Interesse des Knaben für Land und Leute als das Ergebnis seiner langjährigen erzieherischen Bemühungen betrachtete.

Anfangs beschränkte er sich darauf, ihm die Prachtstraßen und Plätze, die Paläste, Kirchen, Tempelruinen und andere Sehenswürdigkeiten zu zeigen, die zu jener Zeit zum Bildungsstandard jedes reisenden Engländers gehörten. Cyril betrachtete alles mit einer gewissen prüfenden Aufmerksamkeit, doch schien ihn, was er sah, indifferent zu lassen. Um der unausgesprochenen Erwartung des Knaben gerecht zu werden, ging Mr. Ashley weiter und durchstreifte mit ihm weniger bekannte Gegenden, Slums und Elendsviertel, Hafengegenden und Spelunken, aber auch außerhalb der Städte Berge und Buchten, Wüsten und Wälder. Während dieser gemeinsamen Unternehmungen bildete sich zwischen den beiden so etwas wie ein kameradschaftliches Verhältnis heraus, das Mr. Ashley schließlich veranlasste, seinen Schüler nicht nur zu Hahnenkämpfen und Hunderennen, sondern auch zu Tingeltangel-Veranstaltungen und noch zweifelhafteren Belustigungen mitzuschleppen. Als er schließlich sicher war, dass er auf Cyrils Diskretion zählen konnte, und weil er ihn absolut nicht loszuwerden vermochte, landeten sie sogar hin und wieder gemeinsam in Häusern besonderer Art, wo der Junge im Salon auf seinen Lehrer warten musste, bis dieser von seiner dringenden Besprechung unter vier Augen mit einer der angestellten Damen zurückkehrte.

Cyril nahm alles mit dem gleichen unbeweglichen Gesicht zur Kenntnis, denn ein Zuhause, das hatte er aus seinen zahllosen Unterhaltungen gelernt, konnte schließlich überall sein. Doch vergebens wartete er darauf, dass ihm bei irgendeiner Gelegenheit froh oder traurig zumute wurde. Nichts von allem, was er sah, bedeutete ihm etwas. Aber das behielt er natürlich für sich.

Diese fragwürdigen Studienausflüge konnten freilich dem Vater auf die Dauer nicht verborgen bleiben. Zwar hatte sich das Gerücht davon längst in der ganzen viktorianischen Gesellschaft verbreitet und gehörige Entrüstung ausgelöst, nur Lord Abercomby war, wie es oft so geht, ahnungslos. Eines späten Abends jedoch – es war wenige Tage nach Cyrils zwölftem Geburtstag – begegneten sich Vater und Sohn in einem Etablissement der Madrider Lebewelt, welches zu dieser Zeit gerade in Mode war. Der Junge saß im Empfangsraum auf einem orientalischen Diwan unter Draperien und Pfauenfedern, um ihn herum rekelten sich vier junge Damen im Negligé, die angeregt mit ihm schwatzten und – wie konnte es anders sein? – von ihren jeweiligen Zuhause erzählten. Lord Abercomby schritt wortlos an seinem Sohn vorüber, als kenne er ihn nicht, und verließ die Stätte des Lasters. Am nächsten Tag aber erfuhr Cyril beim Fünfuhrtee, dass der Tutor fristlos entlassen worden war. Sonst wurde zwischen Vater und Sohn über den Vorfall kein weiteres Wort gewechselt, denn es war eine sittenstrenge Epoche. Zwei Tage später kündigte Miss Twiggle dem Lord mit gefasstem Gesicht, aber rot geweinter Nase. Als sie mit Cyril allein war, gestand sie ihm: »Du kannst das alles wahrscheinlich noch nicht verstehen, mein Lieber. Aber Max – ich meine Mr. Ashley – ist die erste und einzige Liebe meines Lebens. Ich werde ihm folgen, wohin auch immer er geht, und sei es in Not und

Tod. Denke an mich – später, wenn du selbst einmal lieben wirst.« Dann versuchte sie ihn zum Abschied zu küssen, was Cyril mit Erfolg verhinderte.

Die Suche nach einem neuen Hauslehrer und einer neuen Gouvernante erwies sich alsbald als überflüssig, denn schon drei Wochen später erreichte den Lord die telegrafische Nachricht, dass Lady Olivia an einer langwierigen Krankheit, die sie sich wahrscheinlich aus Indien mitgebracht hatte, verstorben sei. Vater und Sohn reisten unverzüglich nach South-Essex und nahmen an der feierlichen Beerdigung teil, die, wie nicht anders zu erwarten, bei strömendem Regen stattfand. Es war dies das erste Mal, dass Cyril den Boden Englands betrat. Wenn er möglicherweise erwartet hatte, dass ihn hier irgendwelche, wenn auch noch so leisen heimatlichen Gefühle überkommen würden, so hatte er sich getäuscht. Auch der Stammsitz der Abercombys, Claystone Manor, wohin der Vater anschließend mit ihm reiste, war eher eine Enttäuschung für ihn. Dieser riesige, dunkle, mit Waffen vollgestopfte Kasten, der im Vergleich zu den internationalen Hotels so gut wie keinen Komfort aufwies und in dem man ständig fror, war und blieb ihm vollkommen fremd.

Dass die Mutter ihren Sohn, den sie außer in den wenigen Monaten nach seiner Geburt nie zu Gesicht bekommen hatte, zum Alleinerben all ihrer Besitztümer eingesetzt hatte, verschwieg Lord Abercomby seinem Sprössling. Er hatte vor, ihn darüber erst am Tage seiner Mündigkeit zu unterrichten, um mögliche kindliche Dankgefühle gar nicht erst aufkommen zu lassen. Auch das gehörte noch zu der – inzwischen allerdings posthumen – Bestrafung seiner ungetreuen Gattin.

Da sich ja nun die Notwendigkeit erübrigt hatte, den Jungen weiterhin mit sich in der Welt herumzuschleppen, steckte er ihn unverzüglich in eines jener berühmten Lehrinstitute der Oberklasse, das College in E., wo englische Knaben zu englischen Männern erzogen werden. Cyril fügte sich den pädagogischen Unbilden mit einer gewissen verächtlichen Indolenz, er ließ seine Klassenkameraden, vor allem aber seine Lehrer deutlich fühlen, dass er sie allesamt nicht recht ernst nahm. Da er aber ein hervorragender Schüler war – er sprach zu diesem Zeitpunkt bereits acht Sprachen nahezu fehlerfrei – galt er als Leuchte des Colleges, obwohl keiner ihn besonders leiden mochte. Nach Abschluss der Schule wechselte er standesgemäß nach O. und begann an der dortigen Hochschule Philosophie und Geschichte zu studieren.

Nach wenigen Semestern – und merkwürdigerweise war es wiederum kurz nach seinem Geburtstag, diesmal nach dem einundzwanzigsten – erhielt er überraschend Besuch von Mr. Thorne, dem Rechtsanwalt der Familie. Der alte Herr nahm schnaufend auf einem Stuhl Platz und begann mit umständlichen Worten den jungen Mann auf ein – wie er sagte – »tragisches Ereignis« vorzubereiten. Lord Basil Abercomby war während einer Fuchsjagd in der Nähe von Fontainebleau so unglücklich vom Pferd gestürzt, dass er sich dabei das Genick gebrochen hatte. Cyril nahm die Nachricht unbewegten Gesichts entgegen.

»Sie sind nun also«, sagte Mr. Thorne, wobei er sich mit einem Schnupftuch Stirn und Doppelkinn trocknete, »nicht nur Erbe des Titels Ihres verehrten Herrn Vaters, sondern auch der alleinige Erbe sowohl des väterlichen wie auch des mütterlichen Vermögens, der Besitztümer an beweglichen und unbeweglichen Gütern aus beiden Hinterlassenschaften, da Sie, mein verehrter junger Freund, der einzige Nachkomme beider Familien sind. Ich habe mir erlaubt, Ihnen alle Unterlagen, Dokumente, Aufstellungen und Bilanzen mitzubringen, damit Sie sich, falls Sie dies wünschen, unverzüglich Einblick in alles verschaffen können.«

Er zog eine schwere Aktentasche heran und wuchtete sie auf seine Knie.

»Danke«, sagte Cyril, »bemühen Sie sich nicht.«

»Oh, ich verstehe«, meinte Mr. Thorne, »wir werden das zu einem späteren Zeitpunkt erledigen. Verzeihen Sie mir, ich wollte nicht pietätlos sein. Haben Sie besondere Wünsche im Hinblick auf die Beerdigungsfeierlichkeiten?«

»Nicht dass ich wüsste«, versetzte Cyril. »Ich überlasse das Ihnen. Sie werden schon das Nötige veranlassen.«

»Gewiss, Mylord. Wann gedenken Sie abzureisen?«

»Wohin?«

»Nun, zur Beerdigung Ihres Vaters, nehme ich an.«

»Mein lieber Mr. Thorne«, sagte Cyril, »ich sehe bei Gott nicht ein, wozu ich mir dergleichen antun sollte. Ich verabscheue solche Veranstaltungen. Machen Sie mit der Leiche, was Sie für richtig halten.«

Der Rechtsanwalt hustete, sein Gesicht lief rot an. »Nun, gewiss –«, sagte er und rang sichtlich nach Fassung, »es ist ja ein offenes Geheimnis, dass zwischen Ihnen und Ihrem Herrn Vater kein, wie soll ich sagen, ideales Einvernehmen bestand, aber trotzdem, ich meine, jetzt, da er entschlafen ist – verzeihen Sie, wenn ich mir erlaube, Sie daran zu erinnern, dass es so etwas wie Sohnespflichten gibt.«

»So?«, fragte Cyril und hob ein wenig die Augenbrauen.

Mr. Thorne öffnete unschlüssig die Aktentasche und schloss sie wieder. »Bitte missverstehen Sie mich nicht. Mylord, das ist selbstverständlich ganz und gar Ihre persönliche Entscheidung. Ich wollte nur darauf hinweisen, dass die Öffentlichkeit alle Einzelheiten eines solchen Ereignisses beobachten wird.«

»Oh, wird sie das?«, entgegnete Cyril gelangweilt.

»Nun ja, also gut«, sagte Mr. Thorne, »und was die Erbschaftsangelegenheiten betrifft, so schlage ich vor …«

»Verkaufen Sie alles«, schnitt ihm Cyril das Wort ab.

Der Rechtsanwalt erstarrte und sah ihn mit offenem Mund an.

»Ja«, fuhr Cyril fort. »Sie haben richtig verstanden, mein Bester. Ich will nichts davon behalten. Also machen Sie alles zu Geld, was nicht schon Geld ist. Sie wissen sicher am besten, wie so etwas zu bewerkstelligen ist.«

»Sie meinen«, stieß Mr. Thorne heraus, »die Landgüter, die Waldungen, die Schlösser, die Kunstschätze, die Sammlung Ihres Herrn Vaters …?«

Cyril nickte kurz. »Weg damit. Verkaufen.«

Der alte Mann schnappte nach Luft wie ein Fisch auf dem Trockenen. Sein Gesicht wurde violett.

»Wir wollen das gründlich bedenken, Mylord. Wir sind jetzt vielleicht in einer gewissen gefühlsbetonten Verfassung, die … Also um es ganz deutlich zu sagen, Mylord: Das können Sie nicht machen. Das geht nicht, auf gar keinen Fall. Ich bin nun seit fünfundvierzig Jahren der Vertrauensanwalt Ihrer Familie, und ich muss Ihnen sagen, das wäre … das wäre … gegen jede … Bedenken Sie bitte, es handelt sich schließlich um einen Besitz, den Ihre Vorfahren im Laufe von Jahrhunderten … Nein, hören Sie, Cyril, wenn ich Sie noch einmal so nennen darf, Sie sind moralisch verpflichtet, all das Ihren eigenen Nachkommen …«

Der junge Lord drehte ihm abrupt den Rücken zu und blickte zum Fenster hinaus. Kühl, aber mit deutlicher Ungeduld in der Stimme erwiderte er: »Ich werde keine Nachkommen haben.«

Der Rechtsanwalt hob abwehrend die dicken Hände. »Lieber Junge, das weiß man in Ihrem Alter nicht so sicher. Es könnte doch sein …«

»Nein«, unterbrach ihn Cyril scharf, »es könnte nicht sein. Und nennen Sie mich nicht lieber Junge.«

Er wandte sich ihm wieder zu und schaute ihn kalt an. »Wenn Sie unüberwindlich starke Bedenken haben, Mr.

Thorne, dann wird sich unschwer jemand anders für diese Aufgabe finden. Guten Tag.«

Mr. Thorne, aufs Äußerste erbost über die unverschämte Behandlung, die ihm ganz unverdientermaßen widerfahren war, fasste zunächst den Entschluss, diesen, wie er es nannte, »unmoralischen und gewissenlosen Auftrag« nicht anzunehmen. Doch schon während der Rückreise nach London wich seine Erregung nach und nach klaren und vernünftigen Überlegungen. Und nachdem er sich während der folgenden zwei Tage ausführlich mit seinen beiden Kompagnons, Saymor & Puddleby, beraten hatte, kam er zu der Einsicht, dass die Gewinnspanne, die allein durch die Provisionen bei Verkäufen dieser Größenordnung ganz legal zu erwarten war, alle Schäden am bisher untadeligen Ruf ihrer Kanzlei durch Mitverantwortung an dem zu erwartenden Skandal bei Weitem übertraf.

In einem klauselreichen Schriftsatz an den jungen Lord erklärten Mr. Thorne & Co. alsbald ihre Bereitschaft, die Abwicklung der Geschäfte zu übernehmen, und erhielten diesen postwendend von Cyril Abercomby unterzeichnet zurück. Die Sache nahm ihren Lauf.

Als die Öffentlichkeit davon erfuhr – was ja nun wirklich nicht zu umgehen war – brach ein Sturm der Entrüstung los. Nicht nur der Hochadel und die gesamte Oberschicht des Königreiches brachten einhellig größten Abscheu vor einem so unerhörten Mangel an Traditionssinn und Standesbewusstsein zum Ausdruck, die Angelegenheit beschäftigte auch das Parlament für etliche Tage, ja, sogar in den Pubs der unteren Schichten gab es verschiedentlich erhitzte Diskussionen über die Frage, ob ein solcher Mensch überhaupt noch das Recht habe, sich Untertan Ihrer Majestät zu nennen. Juristisch bestand jedoch keinerlei Handhabe gegen diesen »Ausverkauf englischer Kultur und Würde«, wie es mehrere Zeitungen nannten, dafür hatte Mr. Thorne & Co. in weiser Voraussicht bei der Formulierung aller Konditionen gesorgt.

Cyril selbst war die ganze Aufregung, die er da verursachte, völlig gleichgültig. Er hatte sein eben erst begonnenes Studium unverzüglich abgebrochen und war längst außer Landes gegangen. In den folgenden Jahren reiste er ohne bestimmtes Ziel, nur von Launen und Zufällen geleitet, durch die Städte und Länder der Welt, aber jetzt nicht mehr nur, wie zu seines Vaters Lebzeiten, durch Europa und den Vorderen Orient, sondern nun auch durch Afrika, Indien, Südamerika und den Fernen Osten. Und er langweilte sich fast zu Tode dabei, denn weder Landschaften noch Bauwerke, weder Ozeane noch die Sitten und Gebräuche fremder Völker riefen in ihm mehr wach als ein oberflächliches Interesse, für welches es sich kaum lohnte, die Bequemlichkeiten des jeweiligen Grandhotels auch nur vorübergehend zu verlassen. Da er das Geheimnis seiner eigenen Zugehörigkeit zu irgendetwas auf dieser Welt nirgends finden konnte, waren auch alle anderen Wunder für ihn stumm und bedeutungslos.

Sein einziger Begleiter auf diesen Irrfahrten war ein Diener namens Wang, den er in Hongkong dem Chef des Opium-Syndikats abgekauft hatte. Wang besaß die ans Übernatürliche grenzende Fähigkeit, nicht zu existieren, wenn er nicht gebraucht wurde, aber stets zur Stelle zu sein, wenn sein Herr seine Dienste benötigte. Auch schien er dessen Wünsche schon jeweils im Voraus zu wissen, sodass sie kaum ein Wort miteinander zu wechseln brauchten.

Die englische Aristokratie war zunächst stillschweigend übereingekommen, den Verkauf des Abercomby'schen Erbes zu boykottieren, aber bald wurde sie eines Besseren – oder wenn man so will – Schlechteren belehrt. Ausländische Interessenten in nicht geringer Zahl meldeten sich und trieben durch ihre Angebote die Preise in die Höhe.

Und als schließlich ein amerikanischer Kautschuk-Milliardär namens Jason Popey, ohne lange zu fackeln, Claystone Manor mit allem, was darin und darum war, kaufte – sogar den alten Butler Jonathan übernahm er –, war das wie ein Schock für den nationalen Stolz. Um zu retten, was noch zu retten war, begann ein wahrer Run seitens der reichen und mächtigen Familien des Empires auf alles, was noch zu haben war. Zu Ehren von Mr. Thorne & Co. muss gesagt werden, dass sie solche Käufer bevorzugt behandelten, selbst wenn man im Preis bisweilen etwas nachgeben musste. Jedenfalls gehörte der junge Lord Abercomby schon drei Jahre nach dem Tode des alten zu den hundert reichsten Männern dieser Erde – zumindest, was seine Bankguthaben betraf.

Der Sturm legte sich nach und nach wieder, und die Gesellschaft ging zu anderen Gesprächsthemen über. Die einzige Frage, die noch hin und wieder einige Gemüter bewegte – vor allem die von Müttern heiratsfähiger Töchter –, war, was Cyril Abercomby wohl mit dieser Unmasse Geld anzufangen gedachte. Soweit bekannt frönte er weder dem Spiel noch beteiligte er sich an Wetten irgendwelcher Art. Er hatte auch keine anderen kostspieligen Leidenschaften wie etwa das Sammeln von Ming-Vasen oder indischen Juwelen. Er kleidete sich tadellos, aber ohne Aufwand. Er wohnte standesgemäß, aber immer nur in Hotels. Er unterhielt keine teuren Geliebten oder gab sich anderen, noch diskreteren Lastern hin. Was hatte er mit dem Geld vor? Niemand wusste es, am allerwenigsten er selbst.

Während des folgenden Jahrzehnts setzte Cyril sein unstetes Reiseleben fort. Er hatte sich inzwischen so sehr an das gewöhnt, was er seine »Quest« nannte, dass es ihm zur selbstverständlichen Daseinsweise geworden war. Die naive Hoffnung seiner Jugendjahre, irgendwann oder irgendwo tatsächlich zu finden, was er suchte, war ihm natürlich längst abhandengekommen. Im Gegenteil, inzwischen wollte er es nicht mehr, es wäre ihm höchst peinlich gewesen. Er hatte seine Situation auf folgende Formel gebracht: Die Länge des Weges steht in umgekehrt proportionalem Verhältnis zur Möglichkeit, das Erreichen des Zieles zu wünschen. Eben darin lag nach seiner Ansicht die Ironie allen menschlichen Strebens; der eigentliche Sinn aller Erwartung lag gerade darin, dass sie für immer unerfüllt blieb, denn alle Erfüllung musste letzten Endes doch nur auf eine Enttäuschung hinauslaufen. Ja, Gott selbst tat gut daran, all jene Verheißungen, die er dem Menschengeschlecht vorzeiten gemacht hatte, niemals einzulösen. Angenommen, er käme eines unseligen Tages auf die Idee, Ernst damit zu machen – der Messias käme tatsächlich in den Wolken wieder, das Jüngste Gericht fände tatsächlich statt, das Himmlische Jerusalem schwebe tatsächlich von oben herab – es könnte gar nichts anderes dabei herauskommen als eine kosmische Blamage. Zu lange hatte er seine Gläubigen darauf warten lassen, als dass jetzt noch irgendein Ereignis, und sei es noch so bombastisch, eine andere Reaktion bei ihnen auslösen konnte als ein allgemeines »Ach so, das war alles?«. Andererseits war es zweifellos weise von Gott (immer vorausgesetzt, dass er überhaupt existierte), niemals eines seiner Versprechen zu widerrufen. Denn die Erwartung, und sie allein, hielt die Welt in Gang.

Für einen, der dem Schicksal auf diese Weise in die Karten geguckt hatte, war es natürlich nicht ganz leicht, das Spiel fortzusetzen. Aber Cyril tat es dennoch, und sogar mit einem gewissen spöttischen Vergnügen. Er war sich bewusst, zu jenen ewig Unzufriedenen zu gehören, die sich jeden Ozean größer, jeden Berg höher, jeden Himmel weiter vorgestellt hatten, aber er war deswegen keinesfalls unglücklich. Nur dass seine Indifferenz der Welt und den Menschen gegenüber sich nun auch auf ihn selbst, auf sein eigenes Leben erstreckte: Es lag ihm nicht mehr viel daran, ohne dass er jedoch deshalb den Wunsch verspürt hätte, sich seiner zu entledigen.

In dieser Geistesverfassung hatte Cyril Abercomby sich einigermaßen häuslich eingerichtet, denn das kann man auch in der Unbehaustheit. Auf eine paradoxe Art hatte er sich damit in Sicherheit gebracht, denn außer der Langeweile war er nun für jedes Leiden unerreichbar. Jedenfalls glaubte er das – bis zu jenem Abend in Frankfurt am Main, an dem sich einiges für ihn ändern sollte.

Für gewöhnlich wurde er schon seit geraumer Weile kaum noch zu Gesellschaften eingeladen. Sofern es die Regeln der bürgerlichen oder adeligen Etikette nicht unabdingbar als notwendig erscheinen ließen, verzichtete man lieber auf seine Anwesenheit, denn es war inzwischen überall bekannt, dass er durch sein exzentrisches Benehmen und seine herzlosen Bemerkungen jede Konversation zum Erliegen und jede Behaglichkeit zum Verschwinden brachte.

Es ist kaum denkbar, dass der Kommerzienrat Jakob von Erschl in Unkenntnis des schlechten Rufes gehandelt haben soll, der Lord Abercomby allenthalben vorauseilte. Vielleicht traute er sich kraft seiner persönlichen Autorität zu, auch solche Situationen zu meistern, in denen andere versagten, vielleicht kam es ihm vor allen Dingen darauf an, geschäftliche Beziehungen zu dem schwerreichen Engländer zu knüpfen – dem Kommerzienrat gehörte eine der bestflorierenden Privatbanken Deutschlands –, jedenfalls sandte er dem Lord ein Billett ins Hotel »Zum Römer«, worin er ihn zu einem »Dinner im kleinen Kreise einiger Kunst- und Musikfreunde« einlud. Das »von« in seinem Namen war übrigens ebenso nagelneu wie seine Villa, ein im neugotischen Stil erbautes Backsteingebäude, das einige Meilen vor der Stadt in einem repräsentativen Park stand.

Cyril sagte zu.

Vor dem Abendessen sang Fräulein Isolde, die Tochter des Hauses, ein rundliches junges Mädchen mit Gretchenfrisur, mehrere Lieder eines, wie es hieß, vielversprechenden Komponisten namens Joseph Katz, der sich ebenfalls unter dem Dutzend geladener Gäste befand. Wie sich alsbald herausstellte, handelte es sich um einen kleinen, ziemlich beleibten und völlig kahlköpfigen Herrn um die fünfzig, der während der Darbietung mit geschlossenen Augen dasaß und seine gefalteten Hände vor dem Mund hielt. Am Klavier begleitet wurde die Sängerin, die eine hübsche, aber etwas piepsige Stimme hatte, von einem langen Leutnant mit Ordensbändchen auf der Brust.

Der Applaus war lang und herzlich, nur Cyril beteiligte sich nicht daran. Herr Katz küsste Fräulein Isolde immer von Neuem die Hand und verbeugte sich mit gerötetem Gesicht. Ganz besonders die Frau Kommerzienrätin, die ein kleines Brillantdiadem auf ihrer hochgetürmten Tornure trug, geriet über ihrer Begeisterung für das Talent des Herrn Katz sichtbar in Schweiß.

»Wir Deutschen«, wandte sie sich an Cyril, »sind nun einmal das Volk, das alle wahrhaft großen Komponisten hervorgebracht hat. Selbst Händel, den ihr Engländer ja für euch in Anspruch nehmt, stammte aus Deutschland. Das müssen Sie zugeben, Mylord.«

»Gewiss, Madam«, antwortete Cyril trocken, »deswegen hatte er wohl auch allen Grund auszuwandern.«

Mit dieser Eröffnungsreplik nahm der Verlauf des Abends unaufhaltsam eine katastrophale Richtung. Obwohl Herr von Erschl unter Einsatz aller weltmännischen Mittel, die ihm zur Verfügung standen, immer wieder versuchte, den Gesprächen eine Wendung ins Scherzhafte zu geben, sank die Stimmung der Gesellschaft zusehends auf den Gefrierpunkt. Das Dinner war noch nicht beim Dessert angelangt, da hatte sich eisiges Schweigen ausgebreitet. Es war Cyril gelungen, mit seinem fast hellsichtigen Instinkt für wunde Punkte, jeden Einzelnen an der Tafel vor den Kopf zu stoßen.

Nachdem schließlich Mokka und Cognac und für die Damen Pfefferminzlikör gereicht worden waren, schlug der Kommerzienrat vor, den kunstinteressierten unter den Gästen seine Gemäldesammlung zu zeigen. Alle stimmten zu, zum stillschweigenden Bedauern aller auch Lord Abercomby.

Durch einige Korridore und einen Wintergarten gelangte man zu einer Art Panzertür mit mehreren Schlössern, Hebeln und Rädern. Herr von Erschl hantierte mit einem Schlüsselbund und bewegte dann in bestimmter Reihenfolge die Hebel und Räder.

»Da es sich um beträchtliche Werte handelt«, lautete sein Kommentar, »muss man heutzutage leider solche Vorsichtsmaßnahmen treffen.«

Nachdem die Tür geöffnet war, trat die Gesellschaft in einen fensterlosen Raum, der durch Gaslüster an den Wänden erhellt wurde. Dicht bei dicht hingen hier Bilder aller Größen in schweren Goldrahmen. Mit hörbarem Besitzerstolz verwies der Kommerzienrat zunächst auf die Paradestücke seiner Sammlung, das »Porträt eines Alten mit Pfeife« von Rembrandt, eine »Kleine Grablegung« von Dürer, einige Rötelskizzen zu einer »Madonna mit Kind« von Raffael und das »Bildnis eines unbekannten Kaufmanns« von Tizian, wobei er nicht versäumte, bei jedem einzelnen Stück den Preis zu nennen, den er dafür bezahlt hatte. Die übrigen Bilder waren größtenteils Werke zeitgenössischer Maler, wobei es sich hauptsächlich um Genreszenen und Darstellungen historischer oder mythischer Sujets handelte wie etwa »Samson und Dalila«, »Siegfrieds Tod« oder »Der Alte Fritz und der Müller«. Die auch hier erwähnten Preise waren natürlich weitaus bescheidener.

»Ich betrachte es als Kapitalanlage«, erklärte der Kommerzienrat entschuldigend. »Natürlich muss man bei solchen Spekulationen immer ein gewisses Risiko eingehen. Aber nach allen Expertenmeinungen, die ich natürlich vor dem Kauf eingeholt habe, wird der Wert beträchtlich steigen.«

Nachdem die Gäste gebührend ihre Bewunderung zum Ausdruck gebracht hatten, kehrte man in den Salon zurück. Erst nach einer Weile bemerkte der Gastgeber dort, dass Lord Abercomby fehlte.

»O Gott«, sagte er leise zu seiner Tochter, »ich werde ihn doch hoffentlich nicht aus Versehen in der Galerie eingeschlossen haben.«

»Gib mir die Schlüssel«, antwortete sie ebenso leise, »ich werde nachsehen. Kümmere du dich nur um deine Gäste, Papachen.«

Tatsächlich fand sie den Lord im Bilderzimmer, doch schien er überhaupt nicht bemerkt zu haben, dass man ihn vergessen hatte. Er stand reglos in den Anblick eines Gemäldes versunken. Sie trat hinter ihn und blickte ihm über die Schulter, doch auch das schien er nicht zu bemerken.

»Ein merkwürdiges Bild, nicht wahr, Mylord?«, sagte sie. »Es trägt den Titel ›Einer langen Reise Ziel‹. Vielleicht können Sie mir erklären, warum es so heißt.«

Da Lord Abercomby auch darauf nicht reagierte, fuhr sie in möglichst ungezwungenem Ton fort: »Papachen hat es vor ein paar Jahren aus Neapel mitgebracht. Ein verarmter Marchese hat es ihm überlassen müssen, wohl wegen irgendwelcher Schulden. Sein Name war, wenn ich mich recht erinnere, Tagliasassi oder so ähnlich. Vielleicht kennen Sie die Familie, Mylord?«

Das beharrliche Schweigen des Gastes begann nun doch, sie ein wenig unsicher zu machen.

»Wenn ich Sie mit meinem Geplapper störe, dann sagen Sie mir's ruhig. Nein? Glauben Sie, dass dieses Bild wertvoll ist? Sie verstehen sicherlich mehr davon als wir alle. Nun, einen Wert hat es wenigstens mit Sicherheit, nämlich den der Seltenheit. Man hat uns gesagt, von diesem Maler gäbe es überhaupt nur zwanzig oder dreißig. Er heißt – warten Sie – ja, jetzt fällt mir's ein, er heißt Isidorio Messiú. Haben Sie den Namen schon einmal gehört? Nein, wir auch nicht. Papachen sagt, dass er vielleicht ein Deutscher war. Warum er dann gerade in Neapel hängen geblieben ist, weiß wohl niemand. Übrigens scheinen alle seine Bilder so sonderbar zu sein – explodierende Kirchen, Totenpaläste, Geisterstädte … Ich bin ja nur ein dummes Mädchen und verstehe nichts von solchen Dingen, aber glauben Sie nicht auch, dass er … ich meine, irgendwie … verrückt gewesen sein muss?«

Cyril stand noch immer reglos und Fräulein Isolde wusste nicht, ob er sie überhaupt gehört hatte. Sie starrte über seine Schulter auf das Gemälde.

Es war nicht besonders groß, jedenfalls im Vergleich zu einigen anderen Stücken der Sammlung. Vielleicht sechzig Zentimeter breit und achtzig hoch. Es stellte eine Steinwüste dar, die in überhellem Mondlicht lag – obwohl am nachtschwarzen Himmel kein Mond und keine Sterne zu sehen waren. Bizarre Bergformationen schlossen nach dem Hintergrund zu ein weites Tal ab, in dessen Mitte sich ein pilzförmiger, gigantischer Felsenpfeiler erhob, von Höhlen und Durchbrüchen zerfressen. Kein Pfad, der an diesem glasigen Gestein aufwärts führte, keine Leiter oder Treppe, kein Aufzug verband die Talsohle mit der obersten Fläche. Auf ihr erhob sich mit zahllosen Türmchen und Kuppeln, Erkern und Balkonen ein Traumpalast aus milchig irisierendem, halb transparentem Mondstein. In Wandnischen und auf den Balustraden der Terrassen standen allenthalben knochenweiße Figuren, die trotz ihrer miniaturhaften Winzigkeit wohl zu erkennen waren. Da gab es bärtige Ritter in fantastischen Rüstungen und blumenbekränzte Feen, tierköpfige Götter und Dämonen, kapuzentragende Büßer und gekrönte Könige, es gab Narren und Engel, Krüppel und Liebespaare, reigentanzende Kinder und vom Alter gekrümmte Greise. Je länger der Blick auf dem Gemälde weilte, desto mehr Einzelheiten traten in Erscheinung, ganz so als sei es unerschöpflich wie die einander gebärdenden Bilder des Traumes oder des Deliriums. Alle Fenster des Palastes waren hell erleuchtet, als fände in seinem Inneren ein kerzenstrahlendes, rauschendes Fest statt. Doch nur an einem einzigen von ihnen, dem über dem großen, geschlossenen Eingangsportal, sah man die schattenhafte Gestalt eines Menschen stehen, die Hand wie zum Gruß oder zur Abwehr erhoben.

»Können Sie sich vorstellen«, ließ sich Fräulein Isolde wieder vernehmen und trat nun neben den Gast, »dass Mama sich vor diesem Bild richtig entsetzt? Sie geht jedes Mal schnell daran vorüber – haben Sie's auch bemerkt? Aber ich will Ihnen offen gestehen, Mylord, dass es mir kaum anders geht. Es ist mir irgendwie nicht ganz geheuer. Es hat etwas – wie soll man sagen? Helfen Sie mir, Mylord, sagen Sie mir, welchen Eindruck es auf Sie macht …«

Sie blickte ihn von der Seite an und erschrak.

»Aber – was ist Ihnen, Mylord? – Sie weinen ja …«

Cyril drehte sich abrupt von ihr weg und ging mit steifen Schritten aus dem Raum. Fräulein Isolde blickte ihm fassungslos nach. Wenige Augenblicke später trat die Kommerzienrätin ein.

»Kindchen, wo bleibst du nur?«, rief sie. »Alle warten auf dich, sie möchten, dass du uns noch etwas singst. Herr Katz hat auch darum gebeten. Wo ist denn der garstige Engländer? War er nicht hier?«

»Doch«, sagte Fräulein Isolde und sah die Mutter mit großen Augen an, »denk dir, Mama, er stand ganz stumm vor diesem Bild, und die Tränen liefen ihm über die Wangen. Der Lord hat geweint, ich habe es selbst gesehen.«

Mutter und Tochter kehrten zur übrigen Gesellschaft zurück und berichteten, was geschehen war. Lord Abercomby war inzwischen ohne ein Wort der Erklärung oder des Dankes fortgegangen. Das Ganze war ein neuerlicher Beweis seines exzentrischen Charakters, darin waren sich alle anderen Gäste einig, die an diesem Abend ausnahmsweise einmal keine Mühe hatten, ausreichenden Gesprächsstoff zu finden.

Am nächsten Vormittag erhielt der Kommerzienrat einen Brief von Lord Abercomby, in welchem sich allerdings nicht die kleinste Andeutung einer Entschuldigung für sein unmögliches Benehmen fand, sondern nur eine kurze, fast im Befehlston gehaltene Aufforderung, ihm das Gemälde des Isidorio Messiú mit dem Titel »Einer langen Reise Ziel« möglichst unverzüglich zu überlassen. Er sei bereit, jede gewünschte Summe dafür zu bezahlen.

Jakob von Erschl schrieb ebenso kurz und bündig zurück, er denke nicht daran.

Am gleichen Abend noch, in seiner Opernloge – auf der Bühne sangen gerade einige umfangreiche Damen mit Fischschwänzen »wagalaweia« – berichtete er seiner Gemahlin in wenigen Worten von dem Ansinnen des Lords.

»Warum verkaufst du ihm das Bild denn nicht?«, fragte sie flüsternd. »Ich mag es sowieso nicht, und dir liegt doch auch nicht viel daran. Ich meine, wenn der Preis, den er bietet, wirklich – angemessen ist …«

»Und wenn es meine alten Pantoffeln wären«, antwortete er grimmig, »ich würde es nicht tun.«

»Warum denn nicht?«, wollte sie wissen. »Manche Engländer haben eben einen Spleen.« Sie sprach es »Schblien« aus.

»Manche Engländer«, erwiderte er, »glauben wohl, dass es unsereinem nur ums Geld zu tun ist. Das mag für das perfide Albion zutreffen, aber bei uns in Deutschland gibt es noch den Glauben an Ideale.«

Die Kommerzienrätin blickte ihren Mann kurz von der Seite an. Sie kannte seinen Ausdruck, wenn er dickköpfig wurde.

»Da hast du vollkommen recht, Jakob, mein Lieber«, sagte sie begütigend. »Und Geld haben wir schließlich selber genug.«

»Dieser arrogante Brite soll lernen«, grollte Herr von Erschl, »dass man für Geld nicht alles auf der Welt kaufen kann.«

Aus der Nachbarloge beugte sich ein Herr mit Monokel vor und warf einen strafenden Blick herüber. Frau Kommerzienrätin tätschelte ihrem Mann das Knie und machte »pst!«. Dann wandten beide ihre Aufmerksamkeit wieder den fischschwänzigen Damen auf der Bühne zu. Die sangen noch immer »wagalaweia«. Man hatte also nichts versäumt.

Zur gleichen Stunde lag Fräulein Isolde zu Hause auf ihrer Récamiere, das Kinn in die Hand gestützt, und betrachtete sich nachdenklich in dem großen Handspiegel ihres Schlafgemachs. Von dem gemeinsamen Opernbesuch hatte sie sich wegen angeblicher Unpässlichkeit dispensiert. Sie wollte allein sein, um sich über ihre Gefühle klar zu werden, die in Aufruhr geraten waren.

Man sagt, dass Männer weiblichen Tränen gegenüber so hilflos seien, weil sie diese in völliger Verkennung ihrer wirklichen Bedeutung mit ihren eigenen gleichsetzen. Einmal angenommen, dass diese Behauptung zutrifft, so muss immerhin bemerkt werden, dass Frauen in diesem Punkt einen wesentlich subtileren Instinkt besitzen. Gerade weil sie den Unterschied der Bedeutung zwischen männlichen Tränen und ihren eigenen fühlen, sind sie ihnen ausgeliefert. Ein steinernes Männerantlitz, über das eine Träne rinnt, wird jedes Frauenherz schmelzen lassen.

Fräulein Isolde hatte in einem einzigen hellsichtigen Augenblick die Wahrheit über Cyril Abercomby erblickt. Sie wusste jetzt, dass er ein gefallener Engel war, der – wie Dantes Luzifer – im ewigen Eise seiner Einsamkeit eingefroren darauf wartete, durch die Liebe einer Frau erlöst zu werden. In allen Romanen, die sie gelesen hatte, war der Maßstab für die Größe einer Liebe das Leiden, das sie hervorrief. Sie wusste oder ahnte, dass es sie unsägliches Leiden kosten würde, den gestürzten Engel aus seiner Finsternis zu retten, und sie fragte sich, ob sie Kraft genug dafür besaß. Prüfend blickte sie immer wieder einmal in den Spiegel. Das harmlose, rundliche Jungmädchengesicht passt überhaupt nicht zur Größe dieser Aufgabe. Aber das würde sich ändern. Bald schon würde der Schmerz ihre Züge vergeistigen, bald schon würde sie ein richtiges Schicksal haben, und alle Freundinnen würden zu ihr aufblicken.

Lord Abercomby stand am Fenster seiner Fürstensuite im Hotel »Zum Römer« und blickte auf das nächtliche Frankfurt hinaus. Der Diener Wang brachte leise das Abendessen herein, aber sein Herr winkte nur stumm ab, ohne sich umzudrehen. Der Diener trug alles geräuschlos wieder hinaus.

Was war nur an diesem Bild, was ihn so tief getroffen, was ihn buchstäblich überwältigt hatte? Sein künstlerischer Wert war es sicherlich nicht, obwohl dieser gewiss beträchtlich war. Aber Fragen der Kunst interessierten Cyril nach wie vor nur höchst peripher. Nein, es war etwas anderes. Dieses Gemälde enthielt eine ganz persönliche, ja geradezu intime Mitteilung für ihn, eine Botschaft, die er zwar nicht verstand – vorerst jedenfalls noch nicht –, von der er aber mit einer ihn erschütternden Klarheit wusste, dass sie nur für ihn, ihn ganz allein unter allen Bewohnern dieser Erde bestimmt war, eine Nachricht über Jahrhunderte hinweg, die keinen außer ihn etwas anging. In der äußeren Realität hatte er nichts finden können, dem er sich zugehörig fühlte, wie andere Menschen ihrem Zuhause. Auf die Idee, es im Reiche des Imaginären, der Kunst zu suchen, war er nie gekommen. Aber nun war er seinem allereigensten Geheimnis plötzlich und unerwartet gegenübergestanden. Und zu wissen, dass es sich in fremden Händen befand und von fremden, dummen Augen angeglotzt werden konnte, bereitete ihm geradezu körperliche Übelkeit, wie einem eifersüchtigen Liebhaber die nackte Schaustellung seiner Angebeteten.

Cyrils ganzes Sinnen und Trachten, jede Faser seines, wie wir wissen, beträchtlichen Willens war von diesem Augenblick an auf ein einziges Ziel ausgerichtet. Wie ein Haufen Eisenfeilspäne, die sich plötzlich durch die Kraft eines Magneten auf einen Pol hin ordnen, hatte sein bisher chaotisches Leben mit einem Schlag ein magisches Zentrum gefunden. Der Titel des Bildes »Einer langen Reise Ziel« hatte für ihn eine höchst persönliche Bedeutung. Er wollte dieses Bild haben. Er musste es besitzen, um jeden Preis. Und er wusste bereits im Voraus, dass er dieses »Ziel« erreichen würde – right or wrong.

Die Ablehnung seines Kaufangebots hatte ihn zwar zunächst in Erstaunen gesetzt, denn die Summe, die er zu zahlen bereit gewesen wäre, war tatsächlich beträchtlich. Doch derlei Schwierigkeiten befeuerten seinen Kampfgeist erst recht und bestärkten ihn nur in seinem Entschluss.

Während der folgenden Wochen bombardierte er den Kommerzienrat mit immer höheren Angeboten – oft sogar mehrmals täglich –, bis die Summen geradezu absurde Größenordnungen annahmen. Anfangs war er sicher gewesen, dass der Geschäftssinn des Bankiers über alle möglichen Gründe, das Bild nicht herauszurücken, letztlich doch triumphieren werde, doch der antwortete nicht einmal mehr. Cyril musste wohl oder übel einsehen, dass es hier offensichtlich nicht um den Kaufpreis ging, sondern um ihn als Käufer. Möglicherweise hätte Herr von Erschl jedem anderen beliebigen Interessenten das Gemälde zu ganz vernünftigen Bedingungen überlassen, nur ihm wollte er es aus persönlichen Ressentiments heraus nicht geben.

Um dieses mögliche Hindernis zu umgehen, beauftragte Cyril in der Folgezeit mehrere renommierte Kunsthändler mit dem Ankauf des Bildes, einen ließ er sogar eigens aus Paris anreisen. Unter der Bedingung, dass sein Namen auf keinen Fall bei den Verhandlungen erwähnt werden dürfe, gab er ihnen jegliche Vollmacht. Aber natürlich roch Jakob von Erschl den Braten, und auch diese Versuche scheiterten.

Cyril begriff, dass die Herausforderung weitaus größer war, als er bisher gedacht hatte. Das Schicksal selbst hatte offenbar beschlossen, ihn auf die Probe zu stellen, und der Kommerzienrat in seiner Borniertheit war nur dessen stumpfsinniges Werkzeug. Nun gut, wenn es zu einem Kampf auf Leben und Tod kommen sollte – er, Cyril Abercomby, war bereit dazu. Im Krieg waren alle Mittel gerechtfertigt, die schließlich zum Sieg führten. Und da das Schicksal, wie sich hier wieder einmal zeigte, in der Wahl seiner Waffen nicht gerade wählerisch war, gab es auch für ihn keinen Grund zu moralischen Skrupeln.

Cyril reiste nach London und ließ sich bei einem der Direktoren der Bank von England zu einem dringenden Gespräch »in einer sehr persönlichen Angelegenheit« anmelden. Da er zu den reichsten Kunden gehörte, wurde er unverzüglich und mit größter Zuvorkommenheit empfangen.

Der Direktor hieß John Smith und wie sein Name so war auch alles andere an ihm von perfekter Mittelmäßigkeit. Er war um die fünfzig, hatte ein vollkommen unbedeutendes, leeres Gesicht, und sein Anzug, seine Gestalt, sein kleiner Schnurrbart, alles war unauffällig – sozusagen meisterhafte Tarnung. Das einzig persönliche Merkmal an ihm war ein kleiner Tick im rechten Augenlid, das hin und wieder unfreiwillig zwinkerte.

Die beiden Männer saßen sich in einem eichengetäfelten Büro in tiefen Klubsesseln gegenüber. Mr. Smith bot Zigarren und Sherry an und man sprach zunächst über das Wetter, das für diese Jahreszeit – es war Anfang März – ungewöhnlich warm war. Dann trat eine Pause ein.

»Ich darf wohl davon ausgehen«, unterbrach Cyril schließlich die Stille, »dass nichts von allem, was wir besprechen werden, nach außen dringt.«

»Selbstverständlich, Mylord«, erwiderte Mr. Smith.

»Was kann ich für Sie tun, Sir?«

»Sagt Ihnen der Name Jakob von Erschl etwas?«

»Nun, gewiss, Sir. Der Frankfurter Bankier, nicht wahr? Einer unserer zuverlässigsten Partner auf dem Kontinent. Allerdings erst seit ein paar Jahren. Es ist keine alte Firma, wenn Sie verstehen, was ich meine.«

Cyril sog an seiner Zigarre und blies Rauchringe.

»Er scheint unserem Land nicht gerade mit großer Sympathie gegenüberzustehen.«

»Möglich, Sir, aber Geschäft und Sympathie müssen nicht immer übereinstimmen.«

Cyril nickte nachdenklich.

»Sie kennen natürlich meine Vermögenslage. Wenn ich nicht irre, erlauben mir meine Mittel durchaus Unternehmungen von einiger Tragweite.«

»Das ist richtig, Sir.«

»Wie groß schätzen Sie meine Möglichkeiten bei fachkundiger Verwendung meiner Mittel ein?«

»Ich verstehe nicht, Sir.«

»Ich will von Ihnen wissen, Mr. Smith, ob mein Vermögen mir die Möglichkeit bietet, Herrn von Erschl zu ruinieren.«

Der Direktor blickte sein Gegenüber einige Sekunden lang ausdruckslos an, dann erhob er sich und holte einige dünne Dossiers aus einem kleinen Tresor, der hinter der Eichentäfelung verborgen war. Er überflog die Schriftstücke, nippte an seinem Sherry und räusperte sich.

»Nun, ich fürchte, Sir, das wird nicht ganz einfach sein.«

»Darum bin ich ja hier«, erwiderte Cyril ein wenig gereizt.

»Die erste Möglichkeit, die es in solchen Fällen zu prüfen gilt«, erklärte Mr. Smith, »besteht darin, die persönlichen, das heißt in den meisten Fällen, die gesellschaftlich-moralischen Verhältnisse einer Person zu sondieren. Fast jeder hat ja irgendwelche kleinen Geheimnisse, von denen er die Öffentlichkeit lieber nicht unterrichtet wissen möchte.«

Hier deutete der Direktor den Anflug eines Lächelns an, das aber sofort wieder dem nichtssagenden Ausdruck wich. Sein rechtes Auge zwinkerte.

»Sie meinen«, fragte Cyril, »ich sollte Detektive auf ihn ansetzen?«

»Das wird nicht nötig sein, Sir. Es gehört zu unseren altehrwürdigen Gepflogenheiten, möglichst vollständig über jeden unserer wichtigen Geschäftspartner unterrichtet zu sein – auch und vor allem, was den privaten Bereich angeht. Eine reine Vorsichtsmaßnahme, Sie verstehen, Sir. Aus unseren diesbezüglichen Unterlagen ersehe ich zu meinem Bedauern, Sir, dass Herr von Erschl in dieser Hinsicht nicht sonderlich ergiebig zu sein scheint. Höchst vertraulich und ganz unter uns gesagt, Sir: Er pflegt hin und wieder seine Abende, zusammen mit Geschäftspartnern oder auch allein, in Gesellschaft käuflicher Damen zu verbringen, aber keineswegs solcher, die seiner Reputation angemessen wären. Er scheint sogar eher einen gewissen Hang zu – wie soll ich sagen – ausgesprochen billigen erotischen Lustbarkeiten zu haben. Ob aus Sparsamkeit oder aus Neigung lässt sich schwer sagen. Damit könnten Sie ihm allenfalls einigen gesellschaftlichen und familiären Ärger bereiten, Mylord, aber für Ihre Zwecke wird das kaum genügen. Ich bedauere außerordentlich, Sir.«

»Nun gut«, meinte Cyril, »wie steht es dann mit der Möglichkeit, ihn finanziell in den Bankrott zu treiben?«

Mr. Smith's rechtes Augenlid zwinkerte.

»So weit wollen Sie wirklich gehen, Mylord?«

»Und warum nicht?«

»Nun, verzeihen Sie, Sir, aber es handelt sich schließlich nicht um Ihren Schneider oder den Gemüsehändler an der Ecke. Die Dimension ist zumindest ungewöhnlich.«

Wieder warf der Direktor einen längeren Blick in seine Unterlagen und fuhr dann fort: »Ohne Zweifel, Mylord, Ihr Vermögen gibt Ihnen beträchtliche Möglichkeiten an die Hand. Bei sorgfältiger und wohlberechneter Anwendung Ihrer Mittel könnten Sie Ihrem Gegner einen nicht unbedeutenden Schaden zufügen. Mit einem gewissen Quantum Glück könnte es Ihnen möglicherweise sogar gelingen, ihn finanziell in die Enge zu treiben. Nur muss ich Sie jetzt schon darauf aufmerksam machen, Sir, dass wir das nicht zulassen werden.«

»Etwa aus moralischen Gründen?«, fragte Cyril mit sardonischem Lächeln.

»O nein, Sir. Die Bank von England betrachtet sich nicht als Hüterin der Moral …«

»Eben«, warf Cyril ein.

»… aber wir haben ein gewisses Interesse daran, die Stabilität der Erschl'schen Bank zu erhalten. Vorläufig jedenfalls. Ich bedaure das, Sir.«

»Mit anderen Worten, ich würde es auch mit euch zu tun bekommen?«

»Sozusagen, Sir, wenn auch nur indirekt. Wir berühren hier internationale politische und wirtschaftliche Prioritäten.«

Cyril drehte sein Sherrygläschen zwischen den Fingern. »Sie sagten ›vorläufig‹, Mr. Smith. Nehmen wir einmal an, die Prioritäten verschieben sich. Nehmen wir an, ich versuche es dann.«

»Ich verstehe, Sir«, antwortete der Direktor. »Dieser Herr von Erschl gilt als ein recht fähiger Kopf auf seinem Gebiet. Ich darf ganz offen zu Ihnen sprechen, Mylord. Sie könnten sich auf einen solchen Kampf keinesfalls allein, das heißt, ohne fachkundige Berater einlassen. Wir sind dazu, wie gesagt, leider nicht in der Lage. Sie müssten also Leute dafür gewinnen, die tatsächlich fähig sind, weitgespannte Pläne zu entwickeln und durchzuführen. Und das gleichzeitig in mehreren Ländern. Abgesehen von der notwendigen Sachkenntnis müssten diese Leute über die Skrupellosigkeit verfügen, vor keinem sich bietenden Mittel zurückzuschrecken; andererseits müssten sie aber Ihnen gegenüber, Sir, von fragloser Loyalität sein, sonst würde es Ihrem Gegner mit Leichtigkeit gelingen, Ihre eigene Mannschaft gegen Sie zu drehen. Ich fürchte offen gesagt, Sir, es würde ziemlich schwer sein, solche Leute zu finden.«

»Nehmen wir an, ich finde sie trotzdem«, sagte Cyril, »wie viel Zeit würde es nach Ihrer Schätzung dauern, mit der Erschl-Bank fertigzuwerden.«

»Nun, Sir, Sie müssten da schon einige Geduld aufbringen. So etwas geht nicht von heute auf morgen – wenn es überhaupt geht.«

»Wie lang?«

»Das ist schwer zu sagen. Es kommt dabei auf mancherlei Umstände an.«

»Wie lang also?«

Mr. Smith's Auge zwinkerte nervös. »Nun, Sir, ich denke, im günstigsten Fall so vier, fünf – wahrscheinlich aber sehr viel mehr Jahre müssten Sie für einen Plan dieser Größenordnung ansetzen.«

»Zu lang«, sagte Cyril wütend.

Mr. Smith schien erleichtert. »Das dachte ich mir fast, Sir. Es wäre tatsächlich eine Art – wie soll ich sagen – eine Art von Lebenswerk. Und niemand könnte dabei voraussagen, ob Sie sich nicht am Ende nur selbst ruinieren. Das wäre uns überaus schmerzlich. Darf ich mir übrigens die Frage erlauben, aus welchem Grund Sie überhaupt dergleichen in Erwägung ziehen?«

»Ich bin entschlossen, einen gewissen Gegenstand käuflich von dem Mann zu erwerben, aber er weigert sich hartnäckig, ihn herzugeben, ganz gleich welche Summe ich ihm biete.«

»Oh, in der Tat? Wie ärgerlich, Sir.«

»Ich werde ihn zum Verkauf zwingen, so oder so. Verlassen Sie sich darauf.«

»Ich zweifle nicht daran, Sir. Um was für einen Gegenstand handelt es sich denn?«

»Um ein Kunstwerk«, sagte Cyril, erhob sich und nahm seinen Hut und seinen Stock.

Mr. Smith blieb sitzen und schaute zu ihm empor.

»Etwa um die Mona Lisa, Sir, oder die Venus von Milo?«

»Nein, nein«, versetzte Cyril, »nur irgendein Bild.«

»Oh«, machte Mr. Smith und zwinkerte.

Während er den Gast zur Tür begleitete, warf er, mit einem lahmen Versuch zu scherzen, die Bemerkung hin: »Wäre es da nicht weitaus einfacher, Mylord, die Tochter des Besitzers zu heiraten oder – falls Ihnen dieses Opfer unangemessen groß erscheint – das Gemälde durch ein paar geschickte Diebe stehlen zu lassen?«

Cyril blieb einen Moment stehen und hob den Kopf, dann ging er grußlos hinaus. Mr. Smith schloss hinter ihm die Tür, sank in seinen Klubsessel und schnippte gedankenverloren die Asche seiner Zigarre in seinen Sherry.

Selbstverständlich hatte Cyril die letzten Worte des Direktors nicht ernster genommen, als sie gemeint gewesen waren – zunächst jedenfalls. Aber während der ganzen Rückreise nach Frankfurt kehrten sie immer wieder in seine Gedanken zurück, wie lästige Fliegen. Sie geisterten sogar in seinen Träumen herum. Der Vorschlag, das Bild zu stehlen oder stehlen zu lassen, übte eine fatale Anziehung auf Cyrils Vorstellungskraft aus. Allerdings blieben seine Absichten vorerst ganz vage, hielten sich sozusagen in der Schwebe, denn zu einem konkreten Plan fehlte jeder Ansatzpunkt.

Als er in die Fürstensuite des Hotels »Zum Römer« zurückkehrte, händigte Wang ihm als Erstes ein Billett aus, das auf rosa Papier geschrieben war und nach Veilchen duftete, ein Geruch, den Cyril seit jeher verabscheut hatte. Das Schreiben war beim Portier von einer unbekannten Person für den Lord abgegeben worden. In schnörkelreicher, jungmädchenhafter Schönschrift enthielt es folgende Zeilen:

Du, der noch keine Schwesterseele fand,
der einsam auf verlornen Pfaden geht,
sahst du die Blume nicht am Wegesrand?
Hier blüht ein Menschenherz, das dich versteht.
Eine Freundin

Trotz oder gerade wegen der schamhaften Anonymität war es für Abercomby nicht schwer zu erraten, wer der Absender des Billetts war. Diese unerwartete Wendung der Dinge kam ihm natürlich wie gerufen. Um sicherzugehen, beauftragte er Wang damit auszukundschaften, wann Fräulein Isolde Erschl sich außer Haus zu begeben pflegte. Bei einer solchen Gelegenheit ließ er ihr vom Laufburschen des Hotels ein Briefchen übergeben, in welchem er sie um ein Stelldichein bat und das er nur mit »Ein Blumenfreund« unterschrieben hatte. Als das Mädchen die Zeilen überflogen hatte, errötete es und händigte ohne zu zögern dem Boten ein offenbar längst vorbereitetes Kuvert aus. Cyril fand darin Ort und Stunde angegeben.

Das erste Rendezvous fand prosaischerweise um zehn Uhr vormittags und obendrein auch noch in einer Konditorei in einem Vorort statt. Es verlief, wie solche Begegnungen unvermeidlich zu verlaufen pflegen, steif und förmlich. Isolde wusste vor Verlegenheit nicht, was für ein Gesicht sie machen sollte, und Cyril hatte Mühe, sich nicht anmerken zu lassen, wie albern er die ganze Situation fand. Doch diesem ersten Zusammentreffen folgten bald weitere, und von Mal zu Mal war die Atmosphäre gelöster.

Cyril bemühte sich – so gut ihm das eben gelingen wollte –, Isoldes Herz zu bestricken oder, um es weniger euphemistisch auszudrücken, das Mädchen seinen Absichten gefügig zu machen. Wenn ihm das gelang, dann hatte er sozusagen schon einmal einen Fuß in der Tür des Erschl'schen Gemäldekabinetts. Die einzige Schwierigkeit bei diesen Bemühungen bildete für ihn sein Mangel an Erfahrung in der Kunst des Verführens – zumindest, was seine eigenen Möglichkeiten in dieser Hinsicht betraf. Sein Äußeres, das war ihm durchaus bewusst, wirkte auf Frauen nicht gerade anziehend. Gefühl und Verstand hatte er bislang noch nie in eine erotische Unternehmung investiert, denn sein sporadischer Umgang mit dem weiblichen Geschlecht hatte sich auf reine Handelsbeziehungen beschränkt, zu denen er sein Geld in die entsprechenden dunkleren Bezirke der jeweiligen Stadt trug. Aber wer überzeugend lügen will, der muss nun einmal die Wahrheit kennen – und für die hatte er sich nie interessiert. Also hielt er sich zunächst wohl oder übel an alle Konventionen der Galanterie, überreichte große Sträuße roter Rosen, schenkte Schmuck und teures Parfüm und rang sich originelle Komplimente ab. Bei alledem fühlte er sich höchst unwohl in seiner Haut, nicht etwa weil er log, sondern weil er spürte, dass er es stümperhaft tat.

Abermals kam ihm aber ein Umstand zu Hilfe, mit dem er nicht hatte rechnen können. Es wurde ihm nämlich schon bald klar, dass er sich überhaupt keinen Zwang anzutun brauchte. Offensichtlich war das Mädchen in Bezug auf männliche Werbung bis zum Überdruss verwöhnt und erwartete gerade von ihm alles andere als Gefühlsüberschwang oder Liebesbekundungen. Im Gegenteil, je kühler und gleichgültiger er sich verhielt, desto hingebungsvoller, ja unterwürfiger wurde sie. Die Rolle, welche sie selbst in dieser Geschichte zu spielen wünschte – das gab sie ihm mehr als deutlich zu verstehen –, war die der Leidenden, der Sichaufopfernden. Begreiflicherweise fiel es Cyril verhältnismäßig leicht, ihr diesen Wunsch zu erfüllen.

Da sie sich scheute, zu ihm ins Hotel zu kommen, aus Sorge, möglicherweise von Bekannten gesehen zu werden, ließ Lord Abercomby durch seinen Diener eine eigens als Liebesnest eingerichtete Wohnung mieten. Sie war mit Zimmerpalmen, schwellenden Ottomanen, türkischen Ziertischchen, Samtportieren und lüsternen Gipsstatuetten vollgestopft und hatte mehrere Ausgänge. Das Hauspersonal, ein älteres Ehepaar, lebte von Diskretion und war daher zuverlässig.

Bei ihrer ersten Liebesnacht – Isolde nannte sie so, obgleich sie um drei Uhr nachmittags, wenn auch bei geschlossenen Vorhängen stattfand – stellte sich heraus, dass sie tatsächlich noch Jungfrau war. Zehn Minuten nachdem sie es nicht mehr war, flüsterte sie ihm ins Ohr: »Nun bin ich dein Weib für immer, mein Geliebter. Ich habe dir das Kostbarste geopfert, was ich besaß, um dir meine Liebe zu beweisen. Glaubst du mir nun?«

Er machte sich von ihr los, zündete sich eine Zigarre an, paffte einige Rauchringe und erwiderte: »Wenn es ernstlich irgendwann dahin mit mir käme, dass ich überhaupt an Liebe glaube, dann würde ich ein Pfund Strychnin schlucken, mir eine Kugel in den Mund schießen und mich gleichzeitig von einem hohen Turm stürzen, damit ich's nur ja nicht verfehle.«

Da weinte sie ein bisschen, war aber im Grunde glücklich, denn diese Antwort bewies ihr einmal mehr, wie notwendig das Erlösungswerk war, das sie an ihm vollbringen wollte.

Von da an wurde es zu einer Art fester Spielregel in ihrer Beziehung, dass er immer neue, immer bedenklichere Beweise bedingungsloser Liebe forderte und sie sich seinem Willen immer widerstandsloser unterwarf. Auf diesem Altar brachte sie, Stück für Stück, ihre Selbstachtung und ihr Gefühl für Anstand und Moral zum Opfer. Wenn ihr Geliebter – so sagte sie sich – in der finsteren Mitte der Verdammnis wohnte, dann musste sie den Weg dorthin gehen, um ihn abzuholen – und sei es mit bloßen, blutenden Füßen. Endlich hatte sie eine Menge in ihr Tagebuch zu schreiben und auf manche Seite tropfte eine Träne.

Einmal äußerte Cyril den Wunsch, sie solle ihm alle Schlüssel der väterlichen Villa, inklusive denen zur Bildergalerie bringen.

»Aber wozu?«, fragte sie. »Was willst du damit?«

»Nichts«, sagte er, »ich möchte nur sehen, wer dir mehr bedeutet, Vater und Mutter oder ich.«

»Bitte, Liebster, verlang das nicht von mir.«

Er setzte ein schiefes Lächeln auf. »O, schon gut, vergiss es. Ich hätte es mir denken können.«

»Aber erkläre mir doch wenigstens, was du damit willst. Ich verstehe es nicht.«

»Nun, das ist es ja gerade, mein liebes Kind. Es hätte mir einiges bedeutet, wenn du bereit gewesen wärst, etwas für mich zu tun, auch ohne zu verstehen, warum und wozu. Doch genug, reden wir nicht mehr davon.«

Isolde rang mit sich. Seine offenkundige Enttäuschung brachte alle ihre bisherigen Mühen in Gefahr. Sie fühlte, wie er ihr entglitt, und das war ihr unerträglich. Und was war im Grunde schon dabei, ihm die Schlüssel zu bringen?

»Also gut«, sagte sie, »sobald sich eine günstige Gelegenheit ergibt, tu ich's. Ich hoffe nur, dass Papachen nichts davon merkt.«

Vier Tage später brachte sie ihm den Schlüsselbund. Der Kommerzienrat war vorübergehend verreist und hatte ihn in seinem Schreibtisch zurückgelassen.

»Aber wenn er wiederkommt, wird er sofort fragen, wer sie genommen hat«, meinte sie kummervoll. »Und was dann?«

»Das wird er nicht«, antwortete Cyril, »denn bis dahin hast du die Schlüssel längst zurückgebracht. Ich wollte ja nur sehen, ob du aus Liebe zu mir sogar bereit wärst, deinen Vater zu bestehlen. Du hast die Prüfung bestanden.«

Sie hängte sich an seinen Hals, überschüttete ihn mit Küssen und stammelte: »Danke, o danke, mein Liebster!«

Später, als Isolde für eine Weile ins Bad ging, nahm Cyril von allen Schlüsseln sorgfältig Wachsabdrücke. Als sie sich an diesem Tag trennten, trug sie den Raub stolz und glücklich im Handtäschchen wieder nach Hause. Sie ahnte nicht, dass es ihre letzte Begegnung mit Lord Abercomby gewesen war.

Die wahren Meister unter den Kunstdieben, jeder weiß es, finden sich seit jeher in Italien, und die Crème de la Crème unter den Meistern, das ist ebenso bekannt, in Neapel.

Zu jener Zeit gab es dort einen solchen Virtuosen des Metiers, der internationalen Ruhm genoss, obgleich niemand genau wusste, wie er eigentlich hieß, denn amtlicherseits herrschte einige Konfusion im Hinblick auf seinen richtigen Namen. Die Liste begann mit *Abacchiu, Rosario,* ging über *Pappalardo, Nazareno di,* bis *Zanni, Eliogabale,* nahezu lückenlos durch die Buchstaben des Alphabets. Einfachheitshalber wurde er in eingeweihten Kreisen deshalb *er professore* genannt.

Ihm war es tatsächlich gelungen, ein drei mal fünf Meter großes Fresko von Giotto in der Kirche St. Maria della Montagna in Castell Ferrato innerhalb einer halben Stunde unbeschädigt von der Wand zu nehmen und es danach ungestört über die Adria zu transportieren, wo ein Montenegrinischer Fürst darauf wartete, seine eigene Schlosskapelle damit zu schmücken. Es gab noch andere derartig legendäre Leistungen in seiner Biografie, wobei ein gut Teil reine Erfindung sein mochte. Der Rest genügte jedoch noch immer, seine Reputation zu rechtfertigen und Lord Abercomby dazu zu veranlassen, in geschäftliche Beziehung mit ihm zu treten.

Er professore war ein kleiner, höchst agiler Mann um die vierzig mit frauenhaft zarten Händen und – für einen Neapolitaner etwas ungewöhnlich – rotem Kraushaar. Er lebte in einer prächtigen Villa, in der seine ganze weitverzweigte Familie auf irgendeine Art angestellt war. Zum Kreise seiner Kunden und Gönner gehörten außer einigen bedeutenden Camorristen auch ein paar Minister und Kardinäle, ja sogar mehrere in- und ausländische Museumsdirektoren, denn es gab (und gibt) nun einmal gewisse Transaktionen, die, auf legale Weise abzuwickeln, unnötig viele Umstände machen würden. Die Polizei verhielt sich ihm gegenüber dementsprechend zurückhaltend in ihren Nachforschungen. Sie konnte ihm absolut nichts nachweisen und strengte sich auch nicht übermäßig an, das zu ändern.

Es war ein brütend heißer Augustnachmittag, als Lord Abercomby diesem Spezialisten auf der schattigen Terrasse seiner Villa gegenübersaß. Die Grillen veranstalteten ein ohrenbetäubendes Konzert und in der Nähe plätscherte ein Springbrunnen. Was gesprochen wurde, hörte außer den beiden niemand, aber Cyril händigte im Verlauf der Unterhaltung seinem Gastgeber die Schlüssel des Hauses Erschl aus, die er inzwischen nach den Wachsabdrücken hatte anfertigen lassen, des Weiteren einen Plan der Räumlichkeiten, den er sich aus den Archiven der Frankfurter Baubehörde verschafft hatte. Der Platz, an dem das gewünschte Bild hing, war mit roter Tinte markiert. Danach überreichte er ein dickes Päckchen, das den Vorschuss in englischen Pfundnoten enthielt. Ihr Anblick stimmte den bis dahin noch immer skeptischen Virtuosen schlagartig willig. Und als er die Höhe des Erfolgshonorars vernahm, die sein Auftraggeber bei Übergabe des Gemäldes zu zahlen bereit war, begannen seine flinken Äuglein vor beruflichem Ehrgeiz zu glitzern. (Übrigens kannte er das Bild von Isidorio Messiú aus dem ehemaligen Besitz des Marchese Tagliasassi und hielt das Angebot für völlig übertrieben, doch das verschwieg er selbstverständlich. Sein Geld war es ja schließlich nicht – jedenfalls noch nicht.)

Cyril hatte sich unter dem Namen Brown bei dem *professore* eingeführt, denn es lag ihm daran, seine wahre Identität in dieser Angelegenheit bedeckt zu halten. *Er professore* wusste natürlich, dass dieser Name falsch war – wer sich Brown nennt, heißt in Wirklichkeit immer anders, und vermutlich gibt es überhaupt niemanden, der tatsächlich Brown heißt – und Cyril wusste, dass er es wusste. Das tat jedoch der Art von Vertrauensverhältnis, welches für ihr Geschäft nötig war, keinen Abbruch. Es wurde vereinbart, dass die gewünschte Ware am 15. September um sechs Uhr nachmittags in einer gewissen Absteige mit Namen »Golden Horn« in Istanbul übergeben werden sollte. Danach trennte man sich, beiderseits in zuversichtlicher Stimmung.

Alles erfolgte genau wie verabredet. Das »Golden Horn« war ein Stundenhotel, dessen Kundschaft sich hauptsächlich aus den Huren des umliegenden Viertels rekrutierte.

Cyril und der *professore* trafen sich im obersten Stockwerk in einem von Kakerlaken wimmelnden Zimmer, von dessen Fenster aus man über die Dächer hinweg bis zum Bosporus sehen konnte.

Nachdem das Gemälde ausgepackt und übergeben und das Honorar bezahlt worden war, zögerte der Italiener, sich zu verabschieden.

»Ich weiß nicht, ob es von irgendeiner Wichtigkeit für Sie ist, Mr. Brown«, begann er schließlich, »aber es hat da leider bei der Beschaffung des Bildes einen bedauerlichen Zwischenfall gegeben. Ich denke, es ist meine Pflicht als Geschäftspartner, Sie darüber zu informieren.«

Da er den befremdeten Blick seines Gegenübers bemerkte, beeilte er sich zu erklären: »O nein, missverstehen Sie mich nicht. Ich will durchaus kein zusätzliches Honorar heraushandeln. Ich bin mehr als zufrieden mit dem, was ich erhalten habe. Es dreht sich vielmehr um einen – wie soll ich sagen? – um einen tragischen Unfall, der keineswegs vorgesehen war. Natürlich fällt das in den Bereich meines beruflichen Risikos und selbstverständlich übernehme ich dafür die volle Verantwortung. Ich möchte Ihnen die Freude am Erwerb dieses Kunstwerks durchaus nicht schmälern, Mr. Brown, aber Sie müssen unbedingt wissen, dass Sie den Besitz desselben tunlichst geheimhalten sollten – jedenfalls für die nächsten zehn Jahre. Um mich kurz zu fassen: Es hat sich ein höchst unerwünschter Kompagnon in die Sache eingemischt, der nicht so leicht loszuwerden sein wird. Sie verstehen, wovon ich rede?«

»Der Tod?«, fragte Cyril.

Er professore bekreuzigte sich und seufzte. Sein Gesicht nahm einen kummervollen Ausdruck an.

»Es war in unserem Programm ganz und gar nicht vorgesehen, dass der Kommerzienrat höchstpersönlich in der Bildergalerie auftauchte, obwohl es zwei Uhr nachts war und er eigentlich fest schlafen sollte. Er wollte uns absolut am Verlassen des Raumes hindern und begann zu schreien. Meine beiden Assistenten mussten ihn überwältigen. Er wurde gefesselt und geknebelt. Glauben Sie mir, Mr. Brown, wir wollten ihm nichts ernstlich zuleide tun, aber wie, beim Blut des San Gennaro, konnten wir ahnen, dass der Mann derzeit an einem Stockschnupfen litt und nicht in der Lage war, durch die Nase Luft zu bekommen? Am nächsten Tag erfuhren wir aus der Presse, dass man ihn erstickt aufgefunden hatte. Ich bedaure das wirklich sehr, denn Mord gehört absolut nicht zu meinen Mitteln.«

Cyril starrte mit reglosem Gesicht auf das an der Wand lehnende Bild. Die untergehende Sonne warf durchs Fenster einen Streifen roten Lichts darauf.

»Aber das ist leider noch nicht alles«, fuhr der Italiener fort. »Ich weiß nicht, wie gut Sie die Familie Erschl gekannt haben, Mr. Brown, aber wahrscheinlich wissen Sie, dass der Kommerzienrat eine Tochter hatte, die sehr an ihm zu hängen schien. Da wir uns über eine Woche lang still und versteckt halten mussten, ehe wir über die Grenze zurückgehen konnten, hatten wir Gelegenheit, die ganze Tragödie aus den täglichen Zeitungsberichten mitzubekommen. Die Tochter – ich glaube, sie hieß Isabella – verschwand zwei Tage nach dem Tode des Vaters. Man fand einen Abschiedsbrief, in welchem sie sich für mitschuldig erklärte, weil sie, wie es da wörtlich hieß, dem Teufel Handlangerdienste geleistet habe. Niemand verstand übrigens, wen oder was sie damit gemeint haben könnte. Kurz danach wurde ihre Leiche aus dem – wie heißt der Fluss dort? – aus dem Main, glaube ich, gefischt. Dabei wurde festgestellt, dass sie schwanger war.«

Cyril stand unvermittelt auf und trat ans Fenster.

Er professore musterte seinen Rücken und nickte. Nach kurzem Schweigen fügte er hinzu: »Die Mutter befindet sich seither in einer Nervenheilstätte. Mehr konnte ich nicht in Erfahrung bringen.«

»Das reicht«, sagte Cyril tonlos. »Es ist gut, ich danke Ihnen für die Nachricht. Leben Sie wohl.«

»Sie auch, Mr. Brown«, antwortete der andere, ging hinaus und schloss leise hinter sich die Tür.

Von einem türkischen Kunstschmied ließ Lord Abercomby einen Koffer in den Maßen des Bildes anfertigen, ein versilbertes Stahlgehäuse, innen mit blauem Samt gepolstert, außen fein ziseliert und mit einem Geheimschloss versehen, das niemand zu öffnen vermochte, der nicht die arabische Buchstabenkombination kannte, die der Besitzer selbst immer neu einstellen konnte. Dieser Behälter diente natürlich weniger als Vorsichtsmaßnahme gegen eventuellen Diebstahl als vielmehr dem Schutz gegen fremde Blicke. Nicht einmal Wang, der einzige Vertraute Cyrils, bekam das Bild in den folgenden Jahren jemals wieder zu Gesicht.

Der Lord pflegte sich bisweilen für Stunden einzuschließen. Dann nahm er das Gemälde aus der Stahlhülle, stellte es vor sich hin und betrachtete es. Es ist schwer zu beschreiben, was während dieser Meditationen in ihm vorging. Er selbst hatte keine Worte für die eigentümlichen Empfindungen, die ihn dabei überkamen. Zwar war er sich klar darüber – und er vergaß es keinen Augenblick lang –, dass er nichts anderes vor sich hatte als eine bemalte Leinwand, ein imaginäres Gebilde, die zweidimensionale Darstellung einer Landschaft und eines fiktiven Bauwerks, und doch vermochte er auf eine ihm selbst unbegreifliche Art in diesem Gebäude buchstäblich aus und ein zu gehen. Wie in einem wachen Traum durchwanderte er immer wieder neue Räumlichkeiten, Zimmer, Säle, Korridore, stieg Treppen hinauf und hinunter. Nichts davon war auf dem Bild zu sehen, es lag hinter der Fassade jener von Kerzenlicht erhellten Fenster, dennoch war es da, unveränderlich und keineswegs von Fantasie und Laune des Träumers abhängig.

Je öfter Cyril diese Wanderungen unternahm, desto besser fand er sich zurecht. Bald schon wäre er nicht nur imstande gewesen, Pläne und Grundrisse für jedes Stockwerk zu zeichnen, er hätte auch Inventarlisten aller Möbel und Gegenstände, aller Kostbarkeiten, Bücher und Raritäten aufstellen können, welche der Mondsteinpalast enthielt.

Nach und nach gelangte er zu der Überzeugung, dass es für diese erstaunliche Parallel-Wirklichkeit, die er da ständig erfuhr, nur eine einzige Erklärung geben konnte: Es handelte sich bei diesem Bild überhaupt nicht um eine Erfindung des Malers. Dieses Bauwerk existierte tatsächlich irgendwo, und der Künstler hatte es bloß gewissenhaft abkonterfeit. Es konnte gar nicht anders sein. Wie sonst vermochte Cyril sich so genau an jede Einzelheit zu erinnern? War es aber Erinnerung, so musste er es irgendwann einmal gesehen, ja mehr noch, bewohnt haben. Und das war, wie er ebenfalls mit Sicherheit wusste, nicht der Fall.

Aber was besagt schon dieses Wort: Erinnerung? Wie fadenscheinig ist das Bewusstsein, das wir darauf aufbauen. Was wir eben erst gesagt, gelesen, getan haben, ist im nächsten Augenblick schon nicht mehr Wirklichkeit. Es existiert nur noch in unserem Gedächtnis – und so unser ganzes Leben, ja unsere ganze Welt. Was wir real nennen können, ist nur jener infinitesimale Moment Gegenwart, der schon vorüber ist, sobald wir ihn bedenken wollen. Wie können wir sicher sein, dass wir nicht erst heute Morgen, vor einer Stunde, vor einem Augenblick entstanden sind, mit einer fertigen Erinnerung an dreißig, hundert oder tausend Jahre? Es gibt keine Gewissheit, da wir nicht wissen, was Erinnerung überhaupt ist und woher sie kommt. Wenn es sich aber so verhält, wenn Zeit nichts anderes ist als die Art und Weise, wie unser Bewusstsein eine Welt wahrnimmt, die ohne Zeit ist, warum sollte es dann nicht auch Erinnerungen geben an etwas, das uns erst in naher oder ferner Zukunft widerfahren wird?

Derartige Überlegungen bewogen Lord Abercomby, sein früheres Reiseleben von Neuem aufzunehmen. Er hatte es zwar – von einigen Unterbrechungen abgesehen – nie ganz aufgegeben, aber nun bekam es ein ganz anderes, höchst konkretes Ziel. Er beschloss jenen Mondsteinpalast, den das Bild des Isidorio Messiú ihm zeigte, zu finden und in Besitz zu nehmen.

Waren die Möglichkeiten, wo sich dieser Ort befand, auch unabsehbar viele, so waren sie immerhin nicht unendlich, denn das Gemälde zeigte ja ein wüstes Felsental, umgeben von einem bizarr geformten Ringgebirge. Freilich, das konnte ebenso gut auf Island sein wie in den Anden oder im Kaukasus …

Acht Jahre verbrachte Cyril mit dieser Suche, wobei er sich, ganz im Gegensatz zur ersten Hälfte seiner Lebensreise, schon bald daran gewöhnte, auf jede Bequemlichkeit des zivilisierten Lebens verzichten zu können (obgleich Wang, der treue Diener, nach besten Kräften bemüht war, seinem Herren die jeweiligen Strapazen erträglich zu gestalten). Das Bild in seinem stählernen Behälter begleitete ihn überall hin, und es verging kein Tag, an dem Cyril es nicht betrachtet hätte.

Immer seltener kehrte er nach Europa zurück. Eigentlich geschah es nur, um sich hin und wieder einer gewissen medizinischen Behandlung zu unterziehen. Er war inzwischen fünfundvierzig Jahre alt und litt zunehmend an Störungen seines Gleichgewichtssinnes. Die einzige Kapazität auf diesem Gebiet war zu jener Zeit ein Arzt in Bologna. Zwischen den Behandlungen, die einmal wöchentlich stattfanden, wohnte der Lord im »Danieli« in Venedig.

Es war im November und die Lagunenstadt war in schwere, nasse Nebel gehüllt wie ein Gespenst in seine aurischen Schleier. Von seinem Hotelzimmer aus konnte Cyril nicht einmal mehr die Umrisse von St. Maria della Salute auf der anderen Seite des Canale Grande ausmachen. Da es noch früh am Nachmittag war, begab er sich auf einen Spaziergang durch die Gassen. Dabei gelangte er, ohne es eigentlich beabsichtigt zu haben, in jenen Teil der Stadt, der sich *»il ghetto«*, die Gießerei, nennt und von dem alle von Juden bewohnten Quartiere der Welt ihren Namen haben. Der Nebel wurde immer dichter, der Abend brach herein, und als Cyril schließlich zum fünften Mal an der alten Synagoge vorüberkam, musste er sich eingestehen, dass er sich rettungslos verlaufen hatte. Doch das Viertel lag wie ausgestorben, er traf niemanden, den er nach dem Weg hätte fragen können, nicht einmal ein Licht hinter einem der Fenster zeigte die Existenz einer lebenden Seele an. Ein hochgewölbtes Brückchen führte ihn in eine Gasse, die so schmal war, dass er mit ausgestreckten Armen beide Seitenwände berühren konnte. Nach oben, so weit er sehen konnte, schachtelten sich über- und durcheinander die fleckigen Fassaden vieler Stockwerke. Im Nebel und der hereinbrechenden Dunkelheit erschien die Gasse wie eine finstere Schlucht. *»Calle della Genesi«* las Cyril auf einer Marmortafel an der Wand.

Er tastete sich weiter und fand sich bald vor einer Tür, welche die Gasse quer abschloss. Eine Laterne erleuchtete ein Ladenschild darüber. In naiver Manier, ähnlich der von Moritatenbebilderungen, zeigte es eine Gruppe mittelalterlicher Jäger, die gerade einen springenden Hirsch erlegte. Merkwürdigerweise bestand aber der Hirsch aus nichts als der Wolke von Pfeilen, welche die Jäger auf ihn abgeschossen hatten. Die Darstellung faszinierte Cyril. Die hebräischen Buchstaben darüber konnte er nicht lesen, wohl aber den Namen des Ladeninhabers darunter: *Achashver Tubal*. Er drückte auf die Klinke und trat ein.

Ein weitläufiges Gewölbe empfing ihn, von wenigen Lampen schwach erhellt und nach dem Hintergrund zu im Dämmer verschwimmend. Der Raum war vollständig leer, nur in der Mitte stand ein mächtiges Schreibpult, hinter ihm ein Mann in Hosenträgern und mit schwarzen Ärmelschonern. Er war ungewöhnlich groß und breitschultrig und trug auf dem Kopf etwas, das vorzeiten einmal ein Zylinder gewesen sein mochte. Sein Gesicht war bartlos und Cyril erschrak ein wenig bei seinem Anblick. Es sah nicht einfach alt aus, es schien aus grauer Lava geschnitten, wuchtig und schwer. Die Augenhöhlen waren dunkel und aus ihren Tiefen funkelten zwei Glanzlichter.

»Was wünscht der Herr?«, fragte der Alte mit tiefer, heiserer Stimme, die im Gewölbe widerhallte.

»Ich habe zufällig Ihr Ladenschild gesehen«, antwortete Cyril möglichst beiläufig, »und es würde mich interessieren, was es bedeuten mag.«

»Nun«, sagte der Alte, »es bedeutet, was Ihr seht. Die Wolke der Pfeile bildet im Flug die Gestalt des Hirsches, auf den die Jäger sie abgeschossen haben. So ist es. Warum fragt der Herr?«

»Da ich nicht hebräisch kann«, erwiderte Cyril, »konnte ich nicht die Inschrift darüber lesen.«

»Suchet, so werdet Ihr finden – das sagt die Inschrift«, erklärte der Alte. »Als Christ müsste sie Euch vielleicht bekannt vorkommen.«

»In der Tat«, bestätigte Cyril. »Demnach ist dieses Geschäft wohl so etwas wie ein Fundbüro, nehme ich an.«

»Bitte sehr«, sagte der Alte und nickte langsam. In Bewegung und Stimme lag unendliche Müdigkeit.

Cyril schaute sich um. »Sagen Sie, Signor ... Tubal, wenn ich nicht irre?«

Der Alte nickte wieder. »Bitte sehr.«

»Es ist ziemlich leer hier, Signor Tubal.«

»Ja«, sagte der Alte, »leer.«

»Also, womit handeln Sie denn?«

»Es ist nicht so, wie Ihr meint.«

»Wie meine ich es denn?«

»Dass man hier findet, was andere verloren haben. So meint der Herr.«

»Nun ja, wie denn sonst?«

Tubal wiegte sein Haupt. »Suchet und ihr werdet finden – das hat jener gesagt, den es nie gegeben hat. Aber viele haben an ihn geglaubt und haben ihn gesucht, darum gibt es ihn nun. Das ist so.«

»Woher wissen Sie denn so genau, dass es ihn nie gegeben hat?«

Der Alte warf seinem Besucher einen durchdringenden Blick zu. »Ich schon«, murmelte er und es schien, als spräche er mehr zu sich selbst. »Ich weiß es. Auch ich habe etwas gesucht. Vor langer Zeit. Vor sehr langer Zeit. Aber ich habe es vergessen. Jetzt suche ich nichts mehr.«

Cyril fühlte sich etwas verwirrt. Die pathetische Art, in der der Alte sein konfuses Zeug vorbrachte, ärgerte ihn sogar. Gereizt fragte er: »Aber Sie müssen doch von irgendetwas leben?«

Tubal nickte wieder. »Man muss leben – wenn man nicht sterben kann. Es fragt sich bloß, was einer will. Weiß der Herr, was er will?«

»O ja«, sagte Cyril, »das weiß ich. Trotzdem kann ich's nicht finden.«

»Schlimm«, meinte der Alte, »vielleicht habt Ihr nicht richtig gesucht.«

»Und wie sucht man richtig?«

»Nun, so wie die Jäger es mit dem Hirsch machen.«

»Offen gestanden, das verstehe ich nicht.«

»Das versteht Ihr nicht«, wiederholte Tubal nachdenklich. »Ich weiß schon, ich seh schon, deshalb seid Ihr zu mir gekommen. Das ehrt mich. Will der Herr das Suchen von mir lernen?«

»Ich bitte darum«, antwortete Cyril ironisch. »Wie viel verlangen Sie dafür?«

»Nichts«, sagte der Alte und verbeugte sich ein wenig, »aber Ihr müsst wissen, dass es verboten ist. Wollt Ihr's trotzdem lernen?«

»Verboten? Von wem?«

»Von Gott«, antwortete Tubal. »Glaubt der Herr an Gott?«

»Wir sind uns bis jetzt nicht vorgestellt worden«, versetzte Cyril trocken.

»Aber dass Gott«, fuhr der Alte fort, »in sieben Tagen die Welt und den Menschen geschaffen hat, das wisst Ihr?«

»Ich habe davon gehört«, meinte Cyril.

»Das ist gut«, erklärte Tubal, »aber es ist nur die halbe Wahrheit. Gott hat das Paradies geschaffen und den Menschen. Das Paradies hat er ihm genommen, da hat sich der Mensch die Welt geschaffen, um irgendwo zu wohnen. Und er schafft sie noch immer.«

»Meinetwegen«, sagte Cyril, »ich sehe nur nicht, was das alles mit meiner Frage zu tun hat.«

Der Alte seufzte und überlegte eine Weile.

»Es war da ein Mann«, begann er schließlich, »– vielleicht habt Ihr von ihm gehört –, der vor ein paar Jahren die Reste der alten Stadt Troja ausgegraben hat.«

»Sie meinen Heinrich Schliemann?«

»Ja, den meine ich. Schliemann, so war der Name. Glaubt Ihr, es war Troja, was er ausgegraben hat? Aber gewiss, es war Troja. Und warum war es Troja? Weil er es dort gesucht hat – so wie die Jäger, die den Hirsch erlegen. Darum war dort Troja. Versteht der Herr, was ich meine?«

»Ich bin nicht sicher«, gestand Cyril. »Wollen Sie etwa behaupten, dass vorher dort nichts war?«

Wieder wiegte Tubal sein mächtiges Haupt und schnalzte leise mit der Zunge. »Warum versteht Ihr nicht? Da er es gefunden hat, war es immer schon dort.«

Eine Weile war es still, dann ließ der Alte ein keuchendes Geräusch hören, das ein tonloses Lachen sein konnte.

»So finden die Menschen alles, die Knochen von urzeitlichen Ungeheuern und Tiermenschen – warum? Weil sie es suchen. So haben sie die ganze Welt geschaffen, Stück für Stück, und sagen, Gott habe sie gemacht. Aber seht sie euch an, diese Welt, wie sie nun ist, voller Täuschung und Widerspruch, voller Grausamkeit und Gewalt, voller Gier und sinnloser Qual im Großen wie im Kleinen – und nun sagt mir: Wie soll Gott, den man doch den Gerechten, den Heiligen nennt, solche Unvollkommenheit erschaffen haben? Der Mensch ist der Schöpfer von allem und weiß es nicht. Er will es nicht wissen, denn es graut ihm vor sich selbst, und mit Recht. Auch Kolumbus, als er das neue Land entdeckte – er wollte es mir nicht glauben, dass er es geschaffen hat, indem er es suchte, denn er meinte etwas anderes zu suchen.«

»Moment mal«, unterbrach ihn Cyril, »das war vor mehr als dreihundert Jahren, wenn ich nicht irre. Und Sie behaupten, mit ihm geredet zu haben?«

Die Glanzlichter in den tiefen Augenhöhlen Tubals glommen für einen Moment auf, dann erloschen sie wieder. »Ihr versteht nicht. Aber bitte sehr, keine Wichtigkeit. Nicht von mir wollen wir reden. Ich bin müde.«

»Hören Sie, mein Bester«, versuchte Cyril einzulenken, »ich finde Ihre Gedanken durchaus interessant …«

»Bin ich ein Philosoph?«, fuhr ihn der Alte an. »Bin ich ein Theolog? Das sind keine Gedanken. Warum versteht Ihr nicht? Ihr solltet Euch besser beeilen, wenn Ihr noch finden wollt, was Ihr sucht. Bald ist kein Platz mehr übrig, bald ist alles fertig und zu Ende.«

Er winkte dem Gast, ihm zu folgen und führte ihn in den hintersten Winkel des Gewölbes. Dort stand ein großer, fast mannshoher Globus. Tubal ließ ihn rotieren.

»Der Herr sieht selbst«, sagte er, »Gebirge, Meere, Inseln, Kontinente, überall ist schon etwas … Am Anfang war alles weiß und leer. Jetzt gibt es nur noch wenig freie Stellen. Sucht Euch eine aus, wenn Ihr wollt.«

Cyril starrte auf den wirbelnden Erdenball.

»Und was wird nach Ihrer Meinung geschehen«, fragte er, »wenn alles Leere verbraucht ist?«

Wieder ließ der Alte dieses eigentümliche keuchende Geräusch hören, dann sagte er: »Was weiß ich? Man wird sehen. Vielleicht das Ende der Welt. Es ist meine Hoffnung. Darum betreibe ich dieses Geschäft.«

Cyril hielt den Globus an. Im Hindukusch gab es noch einen winzigen weißen Fleck. Er legte den Finger darauf.

»Hier«, sagte er.

Tubal nickte und murmelte: »Bitte sehr.«

Plötzlich war sein steingraues Gesicht ganz nahe an dem Cyrils, es wirkte riesenhaft wie ein Felsenberg, doch ... Im gleichen Augenblick verwandelte es sich in das eines gutmütig und etwas einfältig dreinblickenden Mannes mit grauem Stoppelbart.

»Nur ruhig, Signore«, sagte der und lächelte aufmunternd, »da habe ich Sie gerade noch rechtzeitig herausgefischt. Es ist alles in Ordnung.«

Cyril wurde sich bewusst, dass ihm seine Kleidung nass am Leibe klebte. Er lag in einer Gondel, die sachte schaukelte. Der stoppelbärtige Mann stand über ihn gebeugt.

»Wer sind Sie?«, fragte Cyril und merkte, dass ihm das Sprechen schwerfiel. »Was ist denn los? Wie komme ich hier her?«

»Um ein Haar wären Sie ertrunken, Signore«, erklärte der Mann. »Wenn ich nicht zufällig vorbeigekommen wäre und gesehen hätte, wie Sie da im Nebel herumgetaumelt sind. Scheint, Sie haben das Gleichgewicht verloren und sind ins Wasser gefallen. Es hat eine Weile gedauert, bis ich Sie gefunden hatte – verdammter Nebel! Sie trieben auf dem Wasser mit dem Gesicht nach unten. War nicht ganz leicht, Sie herauszuziehen.«

»Danke für die Mühe«, sagte Cyril und richtete sich auf. »Hier, nehmen Sie das bitte zum Lohn.«

Er zog seine durchweichte Geldbörse aus der Tasche und überreichte sie seinem Retter.

»Nicht doch, Signore«, erwiderte der, »das war schließlich nur meine Christenpflicht.« Aber dann nahm er die Börse doch schnell und schaute hinein. Was er sah, schien ihn angenehm zu überraschen.

»Vielleicht hat man ein bisschen gefeiert, nicht wahr?«, sagte er lachend. »In fröhlicher Gesellschaft achtet man nicht so genau auf ein Glas mehr oder weniger. Das kommt vor.«

»Ich bin nicht betrunken«, versetzte Cyril. »Würden Sie mich bitte zum ›Danieli‹ bringen. Mir ist kalt.«

»Sissignore«, antwortete der Mann geschäftsmäßig.

»Das ist nicht weit, nur zwei Minuten von hier.«

Als Cyril auf seinem Zimmer angekommen war, sich getrocknet und umgekleidet hatte, öffnete er als Erstes den stählernen Koffer und nahm das Bild heraus.

Das Gemälde war verschwunden.

Nur noch die leere, etwas brüchige Leinwand war übrig.

Das nächste halbe Jahr widmete Lord Abercomby der sorgfältigen Vorbereitung einer Expedition in den Hindukusch. Er studierte alle erhältlichen Karten und legte die Reiseroute fest. Er erstellte Listen für die nötige Ausrüstung und den Proviant. Nachdem bekannt wurde, dass er eine solche Unternehmung plante, meldeten sich allerlei Interessenten, die daran teilnehmen wollten. Er wählte drei davon aus, traf sich mit ihnen und besprach alle Einzelheiten. Der Alpinismus war damals noch kaum entwickelt, der einzige Experte auf diesem Gebiet, wenn man so sagen kann, war der Schwede Thor Thorwald. Der zweite Mann, für den Cyril sich entschied, war der Pole Andje Bronsky, trotz seiner jungen Jahre schon Professor und anerkannter Kenner von über zwanzig indischen, pakistanischen und mongolischen Dialekten. Der dritte schließlich war der wissenschaftliche Zeichner und Maler Emanuel Merkel aus München, der sich schon durch etliche Veröffentlichungen eine gewisse Bekanntheit erworben hatte.

Zu fünft (auch Wang war natürlich mit von der Partie) reiste man zunächst nach Karachi und von dort weiter nach Haiderabad, wo die Reise für zwei Wochen unterbrochen wurde, um möglichst viele Informationen über die Region zu sammeln, die das Ziel der Expedition war. Seinen eigentlichen Beweggrund für die Unternehmung hatte Lord Abercomby übrigens keinem seiner Reisegenossen, nicht einmal dem Diener, mitgeteilt. Offiziell ging es um rein wissenschaftlich-geografische Interessen.

Von Haiderabad führte sie ihr Weg immer den Fluss Sindh in nördlicher Richtung entlang nach Islamabad. Hier wurde abermals eine Pause eingelegt, um alle Vorbereitungen für das Vordringen in die noch unbekannten Bergregionen des Hindukusch zu treffen. Sie nahmen mehr als drei Monate in Anspruch, denn trotz großzügigster Lohnangebote weigerten sich die meisten in den Karawansereien anzutreffenden Träger, Maultiertreiber und Sherpas, sich auf diesen, wie sie erklärten, völlig aussichtslosen Plan einzulassen.

Schließlich fanden sich doch nach und nach insgesamt sechzehn Männer, welche die enorme Geldmenge, die der Lord ihnen bot, ihr besseres Wissen vergessen ließ. Dass es sich dabei nicht gerade um die fähigsten und zuverlässigsten Leute handelte, war Cyril durchaus klar. Vierundzwanzig Lasttiere wurden mit Zelten, Ausrüstungsgegenständen und Nahrungsmitteln bepackt. So brach man bei günstigem Wetter und wolkenlosem Himmel auf.

Von Islamabad folgte man zunächst weiter dem Flusslauf, der bald nur noch ein kümmerliches Rinnsal in einem schwer zu begehenden Bett aus Felstrümmern war. Das gewaltige Nanga-Parbat-Massiv wurde in westlicher

Richtung umgangen. Von Tag zu Tag gestaltete sich das Vorwärtskommen mühseliger. Nach einer Woche wurde die Karawane von einem Wolfsrudel angegriffen, das ihr schon seit Tagen gefolgt war und die Lasttiere durch immer näher kommendes Geheul verrückt gemacht hatte. Dann plötzlich, mitten in der Nacht, brachen die Bestien ins Lager ein und wüteten auf furchtbare Weise. Es waren riesige schwarzgraue Tiere, doppelt so groß wie gewöhnliche Wölfe, und etwa hundert an der Zahl. Die Träger, Treiber und Sherpas waren sich einig, dass es sich um Dämonen gehandelt haben musste. Als der Morgen graute, zeigte sich, dass acht der Maultiere in Stücke gerissen worden waren, fünf weitere waren unauffindbar. Drei Männer waren tot, von vieren fehlte jede Spur. Der Maler Merkel war schwer verletzt und musste auf einer improvisierten Trage transportiert werden. So gelangte die Karawane in ziemlich desolatem Zustand nach weiteren zehn Tagen schließlich in den aus wenigen Häusern bestehenden Bergort Chilas.

Als die Ältesten des Dorfes erfuhren, was das Ziel der Expedition war, verboten sie ihren Leuten, mit den Fremden zu sprechen oder sonst irgendeinen Kontakt mit ihnen aufzunehmen, da sie überzeugt waren, dass die Berggötter wegen des geplanten Frevels sich auch gegen sie erzürnen könnten. Man behandelte die Eindringlinge, als wären sie nicht vorhanden. Merkel starb und musste weit außerhalb des Ortes beerdigt werden.

Die Moral der Mannschaft war auf den Tiefpunkt gesunken. Thorwald schlug vor, die Expedition abzubrechen, und Bronsky schloss sich ihm an. Aber Lord Abercomby befahl, sie fortzusetzen, und alle gehorchten.

Also zog man nach wenigen Tagen Rast weiter in Richtung Tirich Mir und erreichte die Region der Gletscher und des ewigen Eises. Das Wetter verschlechterte sich ganz plötzlich. Ein Sturm brach los, schwarzgraue Wolkenfetzen brodelten und kochten um die Bergschroffen, eine Lawine ging nieder und riss weitere fünf Lasttiere und drei Treiber mit sich. In der Nacht darauf berieten die sechs, die noch übrig waren, sich heimlich und beschlossen, sofort umzukehren. Aus Angst, dem Willen des Lords nicht widerstehen zu können, taten sie es ohne Ankündigung und nahmen als Ersatz für den versprochenen Lohn alle Maultiere bis auf drei mit sich. Wenn es danach überhaupt noch eine winzige Chance zu überleben für die drei Europäer und den Chinesen gab, dann bestand sie jetzt einzig und allein noch in der sofortigen Umkehr. Lord Abercomby zwang sie jedoch weiterzugehen.

Zwei Tage später gelangten sie an eine Steilwand, die diagonal überquert werden musste. Die Lasttiere wurden abgeladen und erschossen. Damit gab es definitiv keine Möglichkeit der Rückkehr mehr.

Jeder lud sich an Proviant auf, was er tragen konnte. In der Steilwand, die sie als Seilschaft bezwingen mussten, stürzte Bronsky ab und riss den Schweden Thorwald mit sich. Wang konnte seinen Herren, an dem das Gewicht der beiden toten oder bewusstlosen Kameraden hing, nur dadurch retten, dass er das Seil durchschnitt.

Auf der anderen Seite der Steilwand gerieten die beiden in eine mehrere Quadratmeilen große, schräge Fläche metertiefen Schnees, in dem sie nur unendlich mühsam vorwärtskamen. Sie waren nun so hoch, dass der Himmel über ihnen fast schwarz erschien. Wangs Hände und Füße waren erfroren, er konnte nicht mehr weiter. Seine letzten Worte waren eine Frage: »Wohin, Herr?« Er starb ohne Antwort in Cyrils Armen.

Wie viele Tage und Nächte später es war, wusste der Lord selbst nicht mehr, als er sich auf dem obersten Rand einer ringförmigen Bergformation fand und in einen weiten Talkessel hinunterblickte, der merkwürdigerweise völlig schneefrei war. Vielleicht lag das an dem scharfen

Wind, der unablässig im Kreis um einen gigantischen Felsenpfeiler wehte, auf dessen oberster Plattform ein schimmernder Palast stand. Cyril hatte seinen »weißen Fleck« gefunden. Aber die Fenster des Gebäudes waren dunkel und die Flügel des großen Eingangstors standen weit offen.

Cyril stieg ins Tal hinunter und kämpfte sich, schräg gegen den Wind gestemmt, bis zum Fuß des monolithischen Felsenpfeilers vor. Als er ihn endlich erreichte, war die Nacht hereingebrochen. Die Sterne am tiefschwarzen Himmel waren groß und hell, wie er sie nie zuvor gesehen hatte. Es war jetzt so kalt, dass das glasige Gestein Eistränen schwitzte. Aber Cyril fror nicht, er fühlte seinen Körper nicht mehr. Mit empfindungslosen Fingern suchte er Halt und zog sich Zentimeter um Zentimeter an den Felsen empor. So begann er seinen letzten, unmöglichen Aufstieg.

Die Weltöffentlichkeit hatte die Expedition bis Islamabad mit mäßigem Interesse verfolgt und sie dann aus dem Auge verloren. Da man nichts mehr von ihr hörte, galten ihre Teilnehmer als tot oder verschollen, wie so viele vor ihnen. Die ganze Sache wurde vergessen.

Zweiundsiebzig Jahre später berichteten einige Lapislazuli-Händler, die versucht hatten, mit ihrer Karawane von Chitral über den Sarhadd-Pass nach Chorog und von dort nach Faydabad im Westen zu kommen, sie seien unterwegs in großer Höhe aus unbegreiflichen Gründen vom vorgesehenen Pfad abgekommen und hätten auf ihrem unfreiwilligen Umweg ein abgelegenes, fast kreisrundes Bergtal entdeckt, in dessen Mitte ein riesenhafter, pilzförmiger Felsenpfeiler aufragte. Auf dessen höchster Stelle hätten sie einen vieltürmigen Palast aus irisierendem Mondstein erblickt. Da es schon Abend gewesen sei, habe man auf dem Rand des Ringgebirges das Lager aufschlagen müssen. Daher hätten sie beobachten können, dass die ganze Nacht hindurch alle Fenster des Palastes hell erleuchtet gewesen seien, als ob dort ein rauschendes Fest stattfände. Sie hätten aber nur eine einzige menschliche Gestalt als dunklen Umriss in dem Fenster über dem geschlossenen Eingangstor stehen sehen, die Hand wie zum Gruß oder zur Abwehr erhoben. Genaueres zu erkennen sei wegen der großen Entfernung nicht möglich gewesen, sie hätten sich auch nicht näher herangewagt, sondern seien – von großer Furcht befallen – noch vor Morgengrauen aufgebrochen.

Ihrem Bericht wurde selbstverständlich kein Glaube geschenkt.

Der Korridor des Borromeo Colmi

(Hommage à Jorge Luis Borges)

Góngora schreibt in seinem Traktat *Soledad del Minotauro*: »Der unvergleichliche Edelstein, der inmitten einer Wüste liegt, die noch nie eines Menschen Fuß betreten hat und die nach Gottes Ratschluss nie ein solcher betreten wird, ist nicht wirklich. Denn Wirklichkeit kann es nur dort geben, wo wenigstens eines einzigen Menschen Bewusstsein eben diesen Begriff *(concetto)* gebildet hat. Tiere und Engel kennen weder Wirklichkeit noch Unwirklichkeit, da jene keine Begriffe haben und diese ihrem rein geistigen Wesen nach mit den vollkommenen Begriffen eins sind.«[1]

Wenn ich diesen Gedanken Góngoras richtig verstehe – dass nämlich zur Erfahrung der Wirklichkeit außer dem Nur-Faktischen auch ein erkennendes Bewusstsein gehört, das dieses Faktische erst realisiert, dann ist es wohl nicht allzu gewagt zu folgern, dass also die Beschaffenheit der jeweiligen Wirklichkeit von der Beschaffenheit des jeweiligen Bewusstseins abhängt. Da Letzteres jedoch, wie man weiß, keineswegs bei allen Menschen und in allen Völkern gleich ist, kann man mit Recht annehmen, dass es an verschiedenen Orten der Erde verschiedene Wirklichkeiten gibt, ja dass an ein und demselben Ort durchaus mehrere Wirklichkeiten vorhanden sein können.

Es wäre gewiss höchst verdienstvoll, wenn ein erleuchteter Geist sich einmal der Aufgabe unterziehen wollte, eine Geografie der Wirklichkeiten zu schreiben. Wie viele Missverständnisse könnte ein solches Werk doch aus der Welt schaffen! Vielleicht wird mein nachfolgender Bericht einem solchen zukünftigen Realitäts-Topografen von bescheidenem Nutzen sein. Allein diese Hoffnung ist es, die mir Mut zur Niederschrift gibt.

Wenn ich nun also meine Skrupel unterdrücke und mich an das Unterfangen mache, eine der Wirklichkeiten Roms zu beschreiben – eine einzige nur, nämlich den Korridor des Borromeo Colmi –, so muss ich vorausschicken, dass diese Stadt aus zahllosen autonomen Wirklichkeiten besteht. Niemand war bisher imstande, sie alle zu benennen oder gar zu ordnen. Wie in einem gigantischen Komposthaufen liegen sie über- oder untereinander, durchdringen sich gegenseitig, ohne doch ihre Eigengesetzlichkeit einzubüßen, bedrängen und bekämpfen einander und sind, obgleich aus ganz verschiedenen Zeiten, allesamt in höchstem Maße lebendig. In gewissem Sinne kann man sogar sagen, dass Zeit und Raum in jeder dieser unterschiedlichen Wirklichkeiten eine andere Funktion haben. Nicht selten tauschen sie geradezu ihre Rollen.

Ich gebe zu, dass es mir anfangs nicht geringe Schwierigkeiten bereitete, mich in diesem Labyrinth der Realitäten auch nur halbwegs sicher zu bewegen, ohne ständig von einer Art existenzieller Betäubung überwältigt zu werden. Meine Frau hatte da weniger Schwierigkeiten, zum einen vielleicht, weil Frauen sowieso stärker in ihrer eigenen Wirklichkeit ruhen, zum anderen wohl auch, weil sie als Schauspielerin von Berufs wegen daran gewöhnt ist, die Realitätsebenen zu wechseln.

Im ersten Jahr, nachdem wir in unmittelbarer Nähe der Stadt Wohnung genommen hatten, suchten wir natürlich zunächst einmal alles auf, was Rom an berühmten Sehenswürdigkeiten birgt, Museen, Katakomben, Monumente, Bauwerke, Ausgrabungen, Ruinen und Kirchen. Im Grunde trieb uns wohl, was jeden Reisenden zu solchem Verhalten treibt: die Hoffnung, das aus Büchern und Abbildungen längst Bekannte wiederzuerkennen und so der eigentlichen Auseinandersetzung mit der Sache zu entrinnen. Ich will ohne Umschweife zugeben, dass uns dieser Versuch misslang. Je länger wir in der Stadt lebten und je besser wir sie kannten, desto bescheidener wurde unser Anspruch, die Vielzahl autonomer Universen, aus denen sie sich zusammensetzt, zu begreifen. Wir begannen, uns auf immer weniger und schließlich auf eine einzige dieser Wirklichkeiten zu konzentrieren, in der Hoffnung, wenigstens diese Eine ganz in unser Bewusstsein aufzunehmen. Seither vergeht kein Monat, ohne dass wir klopfenden Herzens unsere Expedition in jenes architektonische Mirakel, eben den Korridor des Borromeo Colmi, unternehmen.

Von Borromeo Colmi weiß man wenig mehr, als dass er von 1573 bis 1663 gelebt hat, also neunzig Jahre alt wurde, aus begüterter Familie stammte und Arzt, Architekt und Magier gleichzeitig war. Sein Geburtsort ist Palermo, doch scheint er sich im Jahre 1597 in Rom niedergelassen und dort eine ziemlich zurückgezogene Existenz geführt zu haben. Nur selten taucht sein Name in zeitgenössischen Berichten oder Briefen auf. Die einzige Beschreibung seines Äußeren findet sich in der Tagebucheintragung des päpstlichen Leibmedikus Giacobbe de Corleone. Er beschreibt ihn als einen »kleinen, hageren Mann von saturnischem Aussehen und mit intensivem Blick, der einen gleichsam festzuhalten sucht«. Er fügt dann nur noch lakonisch hinzu: »Wir gerieten alsbald in Streit über Fragen der Heilkunst.«

Von Borromeo Colmis eigener Hand sind zwei Schriften bekannt. Die erste trägt den Titel *Le Tenebre Divine*[2] und ist eine theologisch-philosophische Abhandlung, in der der Autor nachzuweisen versucht, dass Gott, da allmächtig und allwissend, zugleich auch allverantwortlich ist. Es scheint, als sei dieses Werk von Colmis Gönnern rasch aus dem Verkehr gezogen worden, um ihn vor Schwierigkeiten vonseiten der Kirche zu schützen. Das andere Buch *Architettura Infernale e Celeste*[3] ist ein reich mit Zeichnungen des Verfassers ausgestattetes Lehrbuch der Architektur unter dem Gesichtspunkt, dass Proportionen den Menschen krank oder gesund zu machen vermögen. Ein drittes Werk mit dem Titel *La Torre die Babele*[4] wird ohne nähere Angabe lobend von Benvenuto Levi erwähnt, scheint aber verloren gegangen zu sein.

Ansonsten gibt es an schriftlichen Dokumenten nur noch die über dem Eingang des Korridors eingemeißelte Devise *Totus Aut Nihil*, von der jedoch nicht sicher ist, ob es die seine oder die seines Auftraggebers war, ferner einige Abrechnungen über Wäsche und zwei gleichgültige Briefe an seinen Neffen Marco.

Der einzige Mensch, mit dem Colmi freundschaftlichen Umgang pflog, war der päpstliche Großsiegelbewahrer Conte Fulvio di Baranova. Manche Historiker, so z. B. Christian Sundquist, sehen in dieser Freundschaft das Motiv für Baranovas späteren Wahnsinn, in dem er seine Frau, seine beiden Kinder und schließlich sich selbst umbrachte, doch das sind unbewiesene und wohl auch für immer unbeweisbare Hypothesen.

Merkwürdigerweise fielen alle anderen architektonischen Schöpfungen, etwa die Wasserorgel im *Giardino del Liocorno* in Cefalú, der schwimmende *Tempietto* in Villa Campoli bei Monte Fiascone oder *Il trono del gigante*, ein Lustschloss in Gestalt eines riesigen Stuhls in den Gärten des Kardinals Alessandro Spada in der Nähe von Ravenna, auf die eine oder andere Art der Zerstörung anheim. Einzig und allein der Korridor im Palazzo Baranova existiert noch heute. Doch wird man vergeblich in Reiseführern oder anderen der Öffentlichkeit zugänglichen Verzeichnissen römischer Sehenswürdigkeiten nach einem Hinweis darauf suchen.

Auch ich hätte vermutlich niemals von der Existenz jenes Korridors erfahren, wenn ich nicht eines Abends auf den Stufen der Spanischen Treppe mit einem alten alkoholsüchtigen Bettler ins Gespräch gekommen wäre, der sich als ehemaliger Professor für Kunstgeschichte aus Boston entpuppte. Unter dem Siegel strengster Verschwiegenheit teilte er mir die Adresse des Palazzo und die Lage des Korridors mit.

Ich werde mein Versprechen halten und Stillschweigen bewahren, weil ich mittlerweile weiß, welche Gefahren leiblicher, vor allem aber geistiger Art einen Besucher dort erwarten, der auf die Überschneidung mehrerer Wirklichkeiten nicht vorbereitet ist. Nur so viel soll gesagt werden, dass der Palazzo in einem der ältesten und verrufensten Viertel Roms liegt.

Es hat mich über ein Jahr der angestrengtesten Bemühungen gekostet, um über wahrhaft abenteuerliche Umwege, durch Beziehungen und Empfehlungen, endlich an die letzte Nachfahrin des Conte Fulvio di Baranova heranzukommen und ihr Vertrauen zu erwerben. Es handelt sich um eine über achtzigjährige Signorina namens Maddalena Bó, die heute den fast leeren Palazzo ganz allein bewohnt und, obgleich überzeugte Kommunistin, ihren Lebensunterhalt mit dem Flicken der Strümpfe von Schweizergardisten verdient.

Eines Tages also war es so weit. Signorina Bó öffnet uns die Tür des Palazzo und führte uns zum Korridor des Borromeo Colmi. Dann entschuldigte sie sich mit der Dringlichkeit ihrer Arbeit und meine Frau und ich blieben allein.

Vor uns lag ein Säulengang, der nach oberflächlicher Schätzung etwa achtzig oder hundert Meter lang zu sein schien, vielleicht auch länger, denn er lief auf einen perspektivischen Punkt zu, aus dem ein nadelfeiner, grüner Lichtstrahl von fast schmerzhafter Helligkeit das Auge traf. Doch wir beide, vorgewarnt durch den Professor aus Boston, wussten, dass es sich dabei um eine optische Täuschung, wenn nicht gar um noch Dubioseres handelte. Der Grundriss des Palazzo Baranova beträgt 42 zu 37 Meter. Auf allen vier Seiten ist das Gebäude von Straßen umgeben. Der Korridor zweigt nach dem Inneren des Hauses zu im rechten Winkel von einem Gang ab, der im Erdgeschoss entlang der Westwand des Bauwerks verläuft. Rechnet man die drei Meter Breite dieses Ganges ab, so kann der Korridor höchstens 34 oder 33 Meter lang sein. Bedenkt man jedoch, dass auf der gegenüberliegenden Seite, also längs der östlichen Wand, ebenfalls ein Gang von drei Metern Breite verläuft, so reduziert sich die mögliche Länge des Korridors auf etwa 30 Meter. Allerdings gibt es von der östlichen Seite aus keinen Zugang zu ihm. Vollends verwirrend wird die Sache indessen, wenn man in Betracht zieht, dass sich im Inneren des Palazzo, eben dort, wo der Korridor zu verlaufen scheint (oder tatsächlich verläuft), ein großer Festsaal und mehrere kleinere Räumlichkeiten befinden.

Die Annahme liegt nahe, dass es sich bei dem besagten Korridor überhaupt um kein räumliches Gebilde handelt, sondern nur um ein äußerst geschicktes Gemälde oder doch um eine jener falschen Perspektiven, wie sie für die Hochblüte des Manierismus so charakteristisch sind. Doch ist das ganz und gar nicht der Fall, wie wir schon bei unserem ersten Besuch feststellen konnten.

Von uns beiden ist meine Frau die weitaus mutigere, und so war sie es, die als Erste in den Korridor hineinmarschierte, während ich am Eingang stehen blieb und ihr nachblickte. Ich sah, wie sie maßstabsgetreu mit der zunehmenden Entfernung kleiner und kleiner wurde, ein Umstand, der bei jeder sogenannten falschen Perspektive nicht möglich gewesen wäre. Nach etwa dreißig Schritten blieb sie stehen und wandte sich um, offenbar um mich herbeizuwinken. Doch ihre erhobene Hand sank langsam herunter. Soweit ich es aus der Entfernung sehen konnte, war ihr Gesicht blass geworden und zeigte den Ausdruck des Schreckens. Als sie nun zurückkam, schien es sie Überwindung zu kosten, auf mich zuzugehen.

»Was hast du gesehen?«, fragte ich, als sie schließlich vor mir stand. »Ist dir nicht gut?«

Sie schüttelte den Kopf und murmelte: »Unglaublich! Geh selbst und sieh es dir an!«

Ich ging also zögernd in den Korridor hinein, bei jedem Schritt auf irgendeine unliebsame Überraschung gefasst, während meine Frau diesmal am Eingang zurückblieb. Als ich die Stelle erreicht hatte, wo sie stehen geblieben war, hielt ich ebenfalls inne. Ich blickte umher, doch konnte ich nichts Ungewöhnliches wahrnehmen. Die Säulen zur Linken und zur Rechten standen regelmäßig und hatten die gleiche Größe wie diejenigen am Anfang des Korridors. Ich wandte mich zu meiner Frau zurück – und erschrak heftig. Dort stand eine Riesin von ungeheuerlichen Körpermaßen. In Richtung auf sie wurden die Säulen größer und größer, bis sie ihrer gigantischen Höhe entsprachen. Ich stand erstarrt, keiner Bewegung fähig.

Schließlich setzte sich das Riesenweib in Bewegung und kam auf mich zu. Ich fühlte, wie sich mir die Haare aufstellten und kalter Schweiß auf meine Stirne trat. Die Vorstellung, dass ich in wenigen Augenblicken unter den Sohlen ihrer enormen Schuhe zerquetscht werden würde wie eine Ameise, bewirkte, dass meine zitternden Beine unter mir einknickten. Ich wurde ohnmächtig.

Als ich wieder zu mir kam, war meine Frau bei mir, nun wieder in ihrer mir vertrauten Größe, und betupfte mein Gesicht mit ihrem Kölnisch. Ich stand auf und Hand in Hand gingen wir zum Eingang des Korridors zurück, der mit jedem Schritt, den wir näher kamen, auf seine ursprüngliche Größe zurückschrumpfte. An diesem Tag machten wir keine weiteren Versuche mehr.

Natürlich haben wir uns seither unsere Gedanken über den Korridor des Borromeo Colmi gemacht. Wenn man einmal die Frage beiseite lässt, wie es sich mit der Überschneidung der inneren Räume mit dem Korridor verhält, so kann man doch eines als sicher annehmen: Seine tatsächliche Länge kann jedenfalls nicht größer sein als die des Gebäudes, in dem er sich befindet. Das aber bedeutet, dass innerhalb des Korridors alle Maße proportional abnehmen – alle, auch die des Besuchers, der ihn durchwandert. Man wird also beim Hineingehen nicht nur scheinbar, sondern buchstäblich kleiner und kleiner. Da jedoch die umgebenden Säulen im selben Maßstab kleiner werden, bemerkt man davon nichts, solange man sich nicht umwendet.

Die Frage, wie der Magier und Architekt Colmi einen so ungewöhnlichen Effekt zustande gebracht hat, ist in dieser Stadt der autonomen Wirklichkeiten von zweitrangiger Bedeutung. Das Problem, das mich und meine Frau beschäftigt und uns dazu treibt, immer von Neuem Exkurse in den Korridor zu unternehmen, ist ein anderes: Wenn es sich tatsächlich so verhält, dass man mit jedem Schritt, den man tiefer eindringt, entsprechend kleiner wird, so ist die logische Konsequenz, dass ebenso mit jedem Schritt die Wegstrecke, die man zurücklegt, proportional kürzer wird. Anders gesagt: Je weiter man geht, desto langsamer kommt man voran. Die Frage nun lautet: Ist es überhaupt möglich, das andere Ende des Korridors zu erreichen? Oder nähert man sich ihm nur unendlich an? Und falls es möglich sein sollte, in welche Welt führt dann jener Ausgang? Woher kommt dieses eigentümliche grüne Licht, auf das wir uns nun schon so oft zubewegt haben, ohne es zu erreichen? Gelangt man dort in die Welt des unendlich Kleinen, also in das Universum der kreisenden Atome? Oder betritt man überhaupt eine andere Dimension? Liegt dort am Ende der Gegenraum, die Antizeit, die Anderswelt? Fallen dort vielleicht alle unsere Begriffe von Groß und Klein in eins zusammen? Oder führt dieser Korridor zum *»Reschit«*, mit dem Gott die Welt erschuf, zum Ursprung aller Dinge, zum innersten Kern der Schöpfung?

Eines scheint uns jedenfalls gewiss: Borromeo Colmi hat dieses unvergleichliche Gebilde aus Architektur und Magie nicht um eines bloßen Spiels oder gar eines Effektes willen geschaffen. Es handelt sich vielmehr um die Quintessenz höchster Kunst und tiefster Weisheit, um einen Zugang zum Wesentlichen, den der Künstler der Menschheit eröffnen wollte. Doch niemand scheint ihn begriffen zu haben, niemand kümmert sich darum. Selbst Signorina Bó, die ich danach fragte, schüttelte nur ihre zur Tulpe geformte Hand und sagte mit leicht aggressivem Unterton: »*Mbeh?*« – was so viel heißt wie: Na und?

Da wir beide, meine Frau und ich, also die Einzigen zu sein scheinen, die Borromeo Colmis Angebot verstanden haben, bereiten wir uns seit einiger Zeit auf eine endgültige Expedition vor. Die Ausrüstung wird etwa der gleichen, die zu einer Nanga-Parbat-Besteigung erforderlich ist. Wir werden ein Zelt, Decken und Nahrungsmittel für ungefähr fünfzig Tage mit uns tragen. Und wir sind fest entschlossen, nicht eher umzukehren, als bis wir das andere Ende des Korridors erreicht haben. Falls man nichts mehr von uns hören sollte, wird die Öffentlichkeit gewiss irgendeinen anderen, plausibleren Grund für unser Verschwinden erfahren. Auch das ist ja in Rom an der Tagesordnung.

Das Haus an der Peripherie

Ein Leserbrief

Feldmoching / München den 15.3.1985

Dr. phil. Joseph Remigius Seidl
Studienrat a. D.
Emeranstr. II, Feldmoching

An den Verfasser des Berichtes über den »Korridor des B. C.«

Sehr geehrter Herr M. E.,
der von Ihnen unlängst in der Zeitung veröffentlichte Artikel hat mich stark beeindruckt. Er ermutigt mich, nun meinerseits zur Feder zu greifen, um Ihnen eine Erfahrung aus meiner Knabenzeit mitzuteilen, die in gewissem Sinne mein Leben geprägt hat. Alle meine Versuche, die beunruhigenden Konsequenzen, welche sich aus meinen Beobachtungen ergeben können, einer breiteren Öffentlichkeit vor Augen zu stellen, sind bislang ohne Erfolg geblieben. Ich bin nur auf Desinteresse oder ungläubiges Kopfschütteln gestoßen. Vielleicht ist es Ihnen aufgrund Ihrer allgemeinen Bekanntheit möglich, diesem bedauerlichen Umstande abzuhelfen. Doch wie auch immer Sie darüber entscheiden werden, in keinem Fall, so denke ich, kann es Ihnen gleichgültig sein, dass Bauwerke von so merkwürdiger Beschaffenheit, wie jener von Ihnen beschriebene Korridor, durchaus nicht nur in der urbs eterna zu finden sind (wo ihre Existenz mehr oder weniger zu erwarten ist) – sondern auch bei uns in Feldmoching (wo dergleichen denn doch recht erstaunlich erscheinen mag).

Nun weiß ich natürlich nicht, sehr geehrter Herr, ob Ihre Darstellung sich als reine Fiktion verstanden wissen will (gewiss werden viele Leser sie dafür halten) oder ob Sie ein tatsächlich existierendes Bauwerk beschrieben haben. Im ersteren Falle mögen Sie wohl lächeln über diesen meinen Brief als über eine weitere absurde Leserzuschrift, deren Sie vermutlich viele bekommen; trifft aber Letzteres zu, so kann Ihnen meine Mitteilung vielleicht einen wertvollen Beitrag zu Ihren eigenen Forschungen leisten. Übrigens habe ich erst seit wenigen Jahren versucht, das Ohr der Öffentlichkeit für meine Ermittlungen zu gewinnen – aus einem leicht einsehbaren Grunde: Ich bin Studienrat a. D., wegen eines hartnäckigen Nervenleidens vorzeitig in Pension geschickt, und wollte eben des Verdachtes wegen, den meine Krankheit nahelegt, keinen Zweifel an meinem gesunden Menschenverstande Vorschub leisten, solange ich noch im Schuldienste tätig war. Nun aber, da ich nur noch Privatperson bin und überdies das Ende meines Lebens täglich eintreten kann, drängt es mich, rückhaltlos der Wahrheit die Ehre zu geben. Verurteilen Sie mich nicht wegen meines lebenslangen Zögerns, sehr geehrter Herr! Schließlich hat auch der von mir so hochgeschätzte Darwin seine brisanten Erkenntnisse erst veröffentlicht, als es ihm beruflich keinen Schaden mehr eintragen konnte. Es gibt eben Wahrheiten, die man tunlichst dem Roulette der Meinungen erst dann preisgibt, wenn man selbst den Spieltisch schon verlassen hat. Aber wie auch immer Sie darüber denken mögen, seien Sie jedenfalls versichert, dass ich Ihnen reine Tatsachen darstelle und dass ich, wie Sie sehen werden, nicht wenige Recherchen angestellt habe, um deren unbezweifelbare Richtigkeit zu erhärten. Überdies war ich als Lehrer für Geschichte, Deutsch und Altphilologie ein Leben lang bestrebt, mich jeder Zügellosigkeit der Fantasie zu enthalten.

Nun aber ohne Umschweife zur Sache.

In meiner Kindheit (ich bin 1931 geboren) war Feldmoching noch ein mehr oder weniger ländlicher Vorort von München. Es gab, verglichen mit heute, nur wenige Villen, die meisten Häuser waren bäuerliche Anwesen, umgeben von Feldern, Äckern und Wiesen. Eine Eisenbahnlinie verband den Ort mit der Stadt, der Zug verkehrte viermal täglich, und den kleinen Bahnhof versorgte mein Vater als Stationsvorsteher. Neben dem Bahnhof gab es ein anspruchsloses, aus unverputztem Ziegel errichtetes Haus. Dort lebten wir, das heißt, mein Vater, meine Mutter, mein um zweieinhalb Jahre älterer Bruder Emil und ich. Zum Unterricht ging ich die ersten vier Jahre ins Dorf Feldmoching, doch besteht das alte Schulhaus jetzt nicht mehr. Es wurde vor zehn Jahren abgerissen, heute steht dort eine Reihenhaussiedlung, in der ich nun meine Altersresidenz bezogen habe. Ich bin also an den Ort meiner Kindheit zurückgekehrt.

Etwa einen halben Kilometer von unserer Station entfernt, dort, wo sich heute die neue Autostraße erstreckt und die Großtankstelle errichtet wurde, befand sich damals eine Wiese von etwa einem halben Hektar Grundfläche. Da es später in meinem Bericht von Bedeutung sein wird, will ich genau sein: Das Flurstück 28b (so die Auskunft des Katasteramtes, die ich später einholte) maß vor 1945 exakt 5221 qm. Heute misst es dagegen nur noch 5106 qm, obgleich die alten Grenzen noch immer gelten und sorgfältig vermessen sind.

Der Beamte, von mir befragt, wohin denn die fehlenden 115 qm des Flurstücks verschwunden seien, zuckte gleichgültig die Achseln und murmelte etwas von »ungenauen Messmethoden der Vorkriegszeit«. Ich aber weiß nur zu gut, dass die Sache einen anderen, sehr viel bedenklicheren Grund hat. Wenn es mir gelänge, sehr geehrter Herr, Sie von dessen Stichhaltigkeit zu überzeugen, so wären meine jahrelangen Bemühungen um die Lösung des Rätsels nicht vergebens gewesen. Doch ich will Sie nicht zu beeinflussen suchen. Sie werden selbst urteilen.

In meiner Kindheit also stand auf jener Wiese, durch eine ziemlich verwahrloste Taxushecke und ein Fichtendickicht verborgen, ein Haus, das den Bewohnern Feldmochings zu allerlei Vermutungen Anlass gab. Meine und meines Bruders Neugier wurde noch besonders dadurch angestachelt, dass unser Vater uns ohne Angabe näherer Gründe untersagte, in der Nähe jenes Grundstücks zu spielen. Niemals sah man jemand in dem verrufenen Haus aus und ein gehen – außer einer einzigen, recht ungewöhnlichen Person, einer älteren Frau (für Kinder sind freilich alle Leute über vierzig alt), die, wie man uns sagte, als »Zugeherin«, das heißt, als Putzfrau dort angestellt war. Doch schon damals schien mir diese Auskunft recht zweifelhaft (und dieser Zweifel hat sich bis heute nur noch verstärkt), denn das Äußere der Frau – oder soll ich sagen der Dame, denn trotz allem hatte sie für uns Dorfbuben etwas Herrschaftliches an sich – entsprach in keiner Weise dem, was man sich unter einer Putzfrau vorstellt. Sie war verhältnismäßig klein, von stämmigem Körperbau und trug meist Hosenröcke, was damals als sehr elegant galt. Ihr weißes Haar war zu einem Pagenkopf geschnitten und sie rauchte Zigarren. Ihr stets ungeschminktes Gesicht wirkte merkwürdig ledern. Sie trug eine Brille, deren dicke Gläser ihre Augen riesig erscheinen ließen – wir nannten das »Butzenscheibenoptik« oder »Flaschenböden«. Was allerdings unser knabenhaftes Interesse am meisten erregte, war der Umstand, dass sie sich offensichtlich niemals wusch. Ihre langen Fingernägel starrten vor Schmutz, ihr Hals und ihr Gesicht waren streifig. Doch das allein erklärte noch nicht die Wolke von schwerem Gestank, die sie meistens umgab. Offenbar litt sie unter chronischen Verdauungsstörungen, denn fast pausenlos entströmten ihrem Leib durchaus hörbar gewisse Darmgase.

Das war wohl der Grund zu dem Namen, unter dem sie bei den Leuten unserer Gegend bekannt war: »d'Schoaßwalli«. Walli ist bei uns die Abkürzung für Walburga und Schoaß – ich bitte um Entschuldigung, aber die volkskundliche Genauigkeit erlaubt hier keine höfliche Umschreibung – bedeutet Furz. Bedenken Sie bitte, sehr geehrter Herr, dass es sich damals um eine vorwiegend noch bäuerliche Bevölkerung handelte, die ja gerade bei uns in Bayern für ihre drastische Ausdrucksweise bekannt ist.

Besagte Schoaßwalli also kam ein- bis zweimal pro Woche auf ihrem Fahrrad aus Richtung der Stadt, fuhr in das Grundstück hinein und betrat das Haus, wobei sie ihren »Drahtesel«, wie wir es nannten, stets mit hineinnahm. Meist blieb sie über Nacht und fuhr am nächsten Morgen wieder fort.

Über die wahre Identität dieser Dame konnte ich bis heute nur wenig in Erfahrung bringen. Die meisten Leute, die in Feldmoching etwas mit ihr zu tun hatten, wollten mir keine Auskunft geben oder leugneten einfach, sie gekannt zu haben. Einige von ihnen haben inzwischen das Zeitliche gesegnet. Auf die spärlichen Ergebnisse meiner Forschung komme ich später zurück.

Einmal schnappte ich als Knabe eine Bemerkung meines Patenonkels Joseph auf – eines Bruders meiner Mutter, der in den Bavaria-Film-Studios als Kulissenmaler tätig war – des Inhalts, dass man sich vor der Schoaßwalli besser in Acht nehme. Sie habe mit den Ludendorff-Leuten zu tun. Es gäbe da einen gewissen okkulten Kreis, vor allem um die Witwe Ludendorff – mein Onkel nannte sie mehrmals die »lästige Witwe« –, der die Ankunft einer außer- oder unterirdischen Rasse von Übermenschen vorbereite. Zwei namhafte Mitglieder dieses Kreises, D. E. und M. H. [5], sollen der Fama nach Hitler während seiner Festungshaft in Landsberg täglich besucht und indoktriniert haben. Wie absonderlich die Lehren, die der »Führer« damals empfangen hat, auch immer gewesen sein mögen – sie haben sich, falls diese Behauptung stimmt, immerhin als äußerst effizient erwiesen.

Ich habe mich gehütet, in dieser Richtung weiter zu forschen. Es gibt noch immer Gründe, sich Zurückhaltung aufzuerlegen. Dessen hat mich nicht zuletzt meine vorzeitige Entlassung aus dem Schuldienst belehrt (1983). Auch kenne ich Ihren politischen Standpunkt nicht, sehr geehrter Herr, und ich möchte Ihnen keinesfalls zu nahe treten. Ich beschränke mich auf die Tatsachen.

Es muss wohl im Frühsommer des Jahres 1942 gewesen sein – genau kann ich den Tag nicht mehr datieren, jedenfalls war mein Vater trotz seines Herzfehlers inzwischen zu den Waffen gerufen worden –, als mein Bruder Emil mich an der kleinen Bahnstation von Feldmoching erwartete. Er war damals Lehrling bei einem Schlossermeister namens Ruppel, während ich wegen meiner besonderen schulischen Begabung das Maximiliansgymnasium in München frequentieren durfte und die Sexta besuchte. So musste ich jeden Wochentag morgens sehr früh mit dem Zug in die Stadt fahren und kam mittags zurück.

Aufgeregt teilte mein Bruder mir mit, die Schoaßwalli sei bei ihnen in der Werkstatt gewesen und habe ein neues Schloss für ihre Haustür bestellt. Aus was für Gründen auch immer hatte der Meister den Auftrag an den Gesellen weitergegeben, der wiederum hatte ihn an den Lehrling, also an meinen Bruder abgeschoben. Dieser gab mir unumwunden zu, dass er sich davor grauste, allein zu der Dame hinzugehen. Er bat mich, ihn zu begleiten. Ich erschrak zunächst über diesen Vorschlag, machte allerlei Ausflüchte wegen besonders umfangreicher Hausaufgaben, war aber zugleich vom Anerbieten meines Bruders so in meinem Knabenstolz geschmeichelt, dass ich schließlich zustimmte. Nach dem Mittagessen gingen wir hinüber zu jenem Haus. Mein Bruder schleppte den schweren

Werkzeugkasten, in dem auch einige Türschlösser lagen. Vor der Mutter hielten wir den Auftrag geheim, um sie nicht zu beunruhigen. Es hatte geregnet, war windig und noch ziemlich kalt.

Das Grundstück hatte keinen Zaun, nur jene schon erwähnte vernachlässigte Taxushecke, die etwa mannshoch war, dahinter erhob sich das Fichtendickicht. Ein Weg voller Löcher und Pfützen führte von der Straße aus in einigen Windungen auf das Haus zu, sodass man es erst vollständig sehen konnte, wenn man kurz davor stand. Sein Anblick war merkwürdig genug. Obgleich es für ein Wohnhaus eher klein schien, wirkte es doch auf irgendeine unerklärliche Art überdimensional, etwa so, als habe man einen Briefbeschwerer auf die Ausmaße eines Hauses vergrößert.

Die Außenmauern waren mit Travertinplatten verkleidet, ebenso der Säulenportikus, der das Gebäude von allen Seiten umgab. Die zahlreichen Fenster, alle völlig gleichförmig, waren sehr schmal, höchstens 20 cm breit, aber sehr hoch, wodurch sie wie Schießscharten wirkten. Zwischen den Fenstern befanden sich Nischen, in denen jeweils lebensgroße Marmorfiguren standen. Ich erinnere mich nicht mehr, was diese Figuren darstellten, doch weiß ich noch, dass ich den Eindruck eines geradezu obszönen Heroismus hatte, wie er häufig Kriegerdenkmälern eignet und wie er dem Geschmack der damals Herrschenden entsprach. Überhaupt zeigte das ganze Bauwerk den Stil jener öden Pseudoklassizistik, der für alle Diktaturen unseres Jahrhunderts, gleich ob faschistische oder sozialistische, kennzeichnend ist. Dieses Urteil kommt mir natürlich erst jetzt in den Sinn, damals erschreckte mich nur die Ähnlichkeit dieser Architektur mit jener der »Führerbauten« und der »Ehrentempel«, die ich aus München kannte. (Letztere sind ja nach dem Kriege abgerissen worden, während Erstere heute ausgerechnet die Musikhochschule und andere Kulturinstitute beherbergen.)

Hier standen wir nun einem solchen Gebäude im Miniaturformat gegenüber. Die ganze Vorderfront maß wenig mehr als 10 m in der Breite und 5 in der Höhe. In der Mitte sprang der Portikus etwas vor, dahinter lag die Eingangstür aus schwerem, dunkel gebeiztem Eichenholz, in das intarsienartig jene bekannte linksläufige Swastika eingelassen war, die, wie ich inzwischen erkundet habe, der Göttin Kali zugeordnet wird und Tod und Zerstörung bedeutet. Das Dach des Gebäudes war, soweit ich sehen konnte, flach, doch ragte in der Mitte ein überhoher, aus Klinker gemauerter Schornstein empor, von einem beweglichen, blechernen Windhelm gekrönt, der sich im Frühlingssturm hin und her drehte und unangenehm kreischte.

Mein Bruder rief einige Male laut: »Hallo – der Schlosser wär da!« Er konnte die Dame ja nicht bei ihrem ortsüblichen Spitznamen rufen, und den richtigen Namen kannten wir nicht. Inzwischen haben meine Recherchen ergeben, dass es sich um eine gewisse Walburga von Thule gehandelt haben muss, die nachweislich im damaligen Amt »Ahnenerbe« führend tätig war – ein Institut der SS übrigens, dem unsere heutigen Historiker auffallend wenig Aufmerksamkeit widmen.

Da auf das Rufen meines Bruders niemand antwortete, gingen wir um das Gebäude herum, in der Hoffnung, die Dame irgendwo im Garten zu entdecken, aber vergeblich. Dabei bemerkten wir jedoch, dass die Seitenfront mit der Vorderfront völlig identisch war: der gleiche Säulenportikus, die gleichen Figuren, die gleiche Eingangstür. Ebenso verhielt es sich mit der Rückseite des Hauses, nur dass hier alle Einzelheiten spiegelverkehrt angebracht waren.[6]

Wir suchten nach einem Klingelknopf, einem Klopfer oder Zug, doch nichts dergleichen ließ sich entdecken.

Wir gingen also zur Vorderseite zurück – auch hier keinerlei Signalanlage. Mein Bruder rief noch einige Male, dann pochte er beherzt mit den Fingerknöcheln gegen die Tür. Zu unserem Erstaunen öffnete sie sich, sie war nicht verschlossen. Doch das war im Grunde leicht zu erklären, denn man hatte uns (das heißt, meinen Bruder) ja eben hergerufen, weil das Türschloss defekt war. Jedenfalls erklärten wir uns so die Sache.

Emil öffnete die Tür noch weiter, rief nochmals und trat ins Haus. Ich war zurückgeblieben und sah, wie ihn im gleichen Augenblick völlige Finsternis verschlang, so als sei hinter ihm ein rabenschwarzer Vorhang zugefallen. Auch sein Rufen riss mitten im Wort ab. Ich schrie seinen Namen, bekam aber keine Antwort. In diesem Augenblick überfiel mich ein so heilloser Schrecken, dass ich fortgelaufen wäre, wenn ich mich auch nur im Geringsten hätte bewegen können. Doch stand ich völlig paralysiert.

Aus dieser Katalepsie erwachte ich erst wieder, als mein Bruder um die Ecke des Hauses gelaufen kam. Es dauerte eine Weile, bis ich begriff, was er mir mitteilte: Er war im nämlichen Augenblick, da er durch die vordere Tür eintrat, aus der hinteren herausgekommen. Es war, als sei er durch ein und dieselbe Tür gegangen.

Er forderte mich auf, diesmal mit ihm zusammen hineinzugehen, doch ich weigerte mich. Um nichts in der Welt wäre ich an jenem Tag dort eingetreten. Später änderte sich das, meine Neugier bekam die Oberhand, wie Sie noch sehen werden, aber nicht an diesem ersten Tage.

Gemeinsam spähten wir durch die Tür, die noch immer offen stand, doch konnten wir absolut nichts sehen. Eigentlich hätte man von hier aus die andere Tür erblicken müssen und dahinter den Garten, doch es war, als läge dazwischen ein völlig dichtes und lichtundurchlässiges Vakuum, ein Stück finsterer und raumloser Leere – falls Sie mir diese contradictio in adiecto gestatten wollen.

Mein Bruder befahl mir stehen zu bleiben, während er ums Haus ging. Ich wartete klopfenden Herzens. Dann plötzlich stand er vor mir in der Türöffnung, die Klinke in der Hand, trat heraus und zog die Tür hinter sich zu. Verstört blickte ich ihn an und fragte stockend: »Wie ist das denn, Emil, wenn man da durchgeht? Tut das irgendwie weh?«

»Nein«, sagte er, »man spürt absolut nichts. Es tut nicht weh und nicht wohl – es tut überhaupt nichts. Da ist einfach nichts, Joseph.«

Er machte die Tür wieder auf und starrte kopfschüttelnd in diese schwarze Leere. »Da ist überhaupt nichts«, murmelte er.

Wir standen beide eine Weile und wussten nicht recht, was wir nun tun sollten. Das, was wir da vor uns hatten, gab es nicht, das war völlig klar. Es war einfach nicht möglich.

Dann erinnerte mein Bruder sich plötzlich seines Auftrages und begann lärmend in seinem Werkzeugkasten zu kramen. Er nahm einen Zollstock heraus und klappte ihn unschlüssig auf und zu. Plötzlich schien ihm ein Einfall zu kommen.

»Geh auf die andere Seite rüber, Joseph«, befahl er mir, »und pass genau auf, was du siehst!«

Gehorsam lief ich um das Haus und stellte mich vor der rückwärtigen Tür auf, die übrigens ebenfalls nach innen geöffnet war, und zwar im gleichen Winkel, in dem die vordere Tür aufstand.

Plötzlich sah ich am Türpfosten aus dem schwarzen Nichts ein Stück Zollstock erscheinen. Es schob sich langsam heraus, bis es genau einundzwanzig Zentimeter hervorragte. Dann wurde es wieder zurückgezogen.

Ich hörte meinen Bruder auf den Fingern pfeifen und kehrte zu ihm zurück. Mit einer stummen Kopfbewegung forderte er mich auf zu reden.

»Der Zollstock ist rausgekommen«, sagte ich.

»Wie viel?«

»Einundzwanzig Zentimeter.«

»Stimmt!«, bestätigte mein Bruder und kratzte sich nachdenklich mit dem Zollstock am Kinn.

»Wie kann denn so was sein?«, fragte ich. Er antwortete nicht, sondern zuckte nur die Achseln. Dann machte er sich an die Arbeit und ich half ihm dabei. Er schraubte das defekte Schloss aus und setzte ein neues passendes ein. Als wir fertig waren, probierte er es aus, schloss mit dem dazugehörigen Schlüssel ein paar Mal auf und zu, sperrte dann endgültig ab, steckte den Schlüssel ein, und wir gingen schweigend heim.

Während ich an meinen Hausaufgaben saß – ich brachte zum ersten Mal in meiner ganzen Schulzeit kaum etwas zustande, so sehr beschäftigte das Erlebnis meine Gedanken – hörte ich meinen Bruder im Keller, wo unsere häusliche Werkstatt war, längere Zeit feilen. Dann ging er zu seinem Meister.

Natürlich sagten wir niemandem etwas, schon gar nicht unserer Mutter. Erst abends, als wir schon in den Betten lagen – wir Buben schliefen in einem Zimmer –, flüsterte mein Bruder: »Joseph, weißt, was ich mir denk?«

»Was denn?«

Es dauerte eine Weile, ehe er fortfuhr: »Das Haus da … hat überhaupt kein Inneres. Es ist nur von außen da.«

»Geh!«, wisperte ich und fühlte wieder jenes Grauen näher kommen, »so was gibt's ja gar nicht, Emil.«

»Doch«, sagte mein Bruder sehr ernsthaft, »so was gibt es schon, Joseph. Ein Haus, das kein Inneres hat.«

Und wieder nach einer Weile, als ich schon am Einschlafen war, setzte er noch hinzu: »Nur eins möcht ich wissen. Warum muss es dann abgesperrt werden, wenn doch sowieso keiner hineinkann? Da ist doch überhaupt nichts.«

Am nächsten Tag erschien, eingehüllt in die übliche Wolke von Gestank, die Schoaßwalli auf ihrem Fahrrad bei Meister Ruppel, holte den Schlüssel ab und bezahlte die Rechnung. Danach, so erzählte Emil mir abends, fixierte sie ihn lange mit übergroßen Augen durch ihre dicken Brillengläser, und ihm wurde fast übel, nicht nur von dem Geruch, der von ihr ausging. Dann zeigte sie langsam mit ihrem Zeigefinger auf ihn. »Ah, du warst es also, gelt?«, fragte sie. »Du hast die Arbeit gemacht, nicht wahr?«

Mein Bruder nickte stumm und fragte sich, woher sie das wusste. Der Meister hatte ihr jedenfalls nichts davon gesagt.

»Gut, gut«, sagte sie, »recht so. Mir ist es schon recht.«

Wieder musterte sie ihn unschlüssig, dann lächelte sie plötzlich, holte nochmals ihr Portemonnaie hervor und gab ihm eine Mark.

»Da«, sagte sie, »das ist dann für dich.«

Er nahm das Geld wortlos entgegen.

Die Schoaßwalli schwang sich aufs Rad, und schon im Wegfahren rief sie zurück: »Besuch mich doch mal, Bub. Du weißt ja, wie man reinkommt.«

Mein Bruder schaute ihr nach, bis der Geselle ihm eine Kopfnuss gab und sagte: »Fürs Maulaffen feilhalten wirst nicht bezahlt.«

Nicht einmal mir hatte Emil verraten, dass er für sich einen Reserveschlüssel gefeilt hatte in der Absicht, in Abwesenheit der Schoaßwalli das Haus noch einmal zu untersuchen. Nun beunruhigten ihn ihre Abschiedsworte sehr, denn es war ihm vorgekommen, als spiele sie darauf an. Doch woher konnte sie davon wissen? Es war völlig unmöglich. Diese Ungewissheit ängstigte ihn – und auch mich, der ich ja nun auch um das Geheimnis wusste. Und eines war uns beiden klar: Dieses Wissen war gefährlich. Vielleicht – so redeten wir uns ein – waren wir schon zu

Gefängnis oder Tod verurteilt, ohne etwas erfahren zu haben.[7]

Für längere Zeit mieden wir das Haus, machten sogar Umwege, um nicht in seine Nähe zu kommen, und beobachteten es nur aus der Ferne. Nach und nach begannen wir zu hoffen, man hätte uns vergessen. Aber es beschäftigte unsere Gedanken Tag und Nacht, wir waren regelrecht besessen davon; oft träumten wir von dem Haus, einige Male sogar gleichzeitig denselben Traum, und zwar diesen:

Wir standen nahe beieinander in nächtlicher Finsternis zwischen den Fichten versteckt und spähten durch die Zweige nach dem Haus. Es herrschte völlige Stille, aber nach und nach gewahrten wir ein leichtes Vibrieren des Bodens, das immer zunahm, so als stünden wir auf dem Fell einer unermesslich großen Trommel, welches in der Resonanz auf einen unterirdischen oder infernalischen Klang mitschwang, der aber selbst unhörbar blieb. Gleichzeitig erschien hinter den Fensterschlitzen im Inneren des Hauses ein übergrelles, bläulichweißes Licht – etwa wie das eines Elektroschweißgerätes –, das den Augen unerträglich war. Und beide träumten wir, dass sich uns dabei die Haut buchstäblich kräuselte vor Grauen, dass wir wie paralysiert stehen bleiben mussten, gleichsam festgefroren. Sonst passierte nichts. Das überaus Entsetzliche an diesem tödlichen Licht dort drin war einfach die Tatsache, dass es existierte. Wir beide empfanden gleichermaßen, dass es die Präsenz von etwas anzeigte, das man nicht anders nennen kann als: das absolute Böse. Etwas, das in keinem Verhältnis mehr zu Gott und der Welt stand, etwas, das nicht sein durfte und doch war.

Trotz alledem – bedenken Sie bitte, ich war damals gerade zwölf Jahre geworden, mein Bruder fast fünfzehn, wir waren also durchaus beide noch Kinder – siegte nach und nach die Neugier. Immer näher schlichen wir uns an das Haus heran und beobachteten es manchmal stundenlang. Nichts ereignete sich. Wir fanden heraus, dass die Schoaßwalli höchstens zweimal in der Woche kam, meist am Dienstag- und am Freitagabend, in das Haus hineinging und offenbar die Nacht über darin blieb. Die übrige Zeit lag das Gebäude verlassen.

Aber wie war es möglich, dass sie dort hineingehen konnte?

Einmal – das wird wohl schon gegen Ende 1943 gewesen sein – kam ein schwarzer Mercedes, in dem mehrere Männer saßen. Der Wagen wartete über eine Stunde auf der Straße vor dem Haus, bis die Schoaßwalli auf ihrem Fahrrad eintraf. Zwei SS-Männer in Uniform stiegen aus dem Auto, zwischen sich führten sie einen Mann in Hut und Mantel. Er war sehr bleich. Die Dame übernahm den Gefangenen – jedenfalls hielten wir ihn für einen solchen –, und er folgte ihr willenlos ins Haus. Nach einer Weile kam sie allein zurück, die SS-Leute grüßten mit dem, was man damals den deutschen Gruß nannte, sie erwiderte die Geste und radelte fort. Das Auto mit den Männern wendete und folgte ihr in Richtung Stadt.

Eines stand also fest: Es gab eine Möglichkeit, das Innere des Hauses zu betreten – und nicht nur für die Schoaßwalli, wie wir bisher geglaubt hatten. Wie mochte dieses Innere beschaffen sein? Wir beschlossen, koste es was es wolle, die Sache zu erforschen.

Aber dies ist nun keine Kriminal- oder Gruselgeschichte, sehr geehrter Herr, sondern ein sachlicher Bericht, und darum will ich Ihre Erwartung nicht unnötig auf die Folter spannen, sondern Ihnen vorwegnehmend gestehen: Es gelang uns nicht, das Rätsel zu lösen.

Meine erste Heldentat bestand darin, dass ich eines Nachmittags einen Stein in eines der Fenster warf. Ich war bei diesem Experiment allein, ohne meinen Bruder. Als ich die Scheibe klirren hörte, rannte ich zunächst erschrocken davon, so schnell ich konnte, und versteckte mich in einer Streusandkiste am Rande der Straße. Nach einiger Zeit kroch ich wieder heraus; meine Knie zitterten, denn mein ganzer Lausbubenmut war schon restlos aufgebraucht. Da aber nichts geschah, wagte ich mich zu dem Haus zurück. Da war das Loch in der Scheibe, das Fensterglas von vielen Sprüngen durchzogen. Ich lief zur Rückseite des Hauses und stellte fest, dass auch hier die entsprechende Scheibe zertrümmert war, genau in derselben Weise – ja, ich fand sogar meinen Stein auf dem Boden wieder.

Als ich meinem Bruder von diesem Abenteuer erzählte, stand sein Entschluss sofort endgültig fest. Schließlich konnte er mir als dem Kleinen nicht weiterhin die Initiative überlassen. Schon am nächsten Tage, einem Sonntag, holte er nach dem Kirchgang den von ihm heimlich angefertigten Zweitschlüssel aus seinem Geheimversteck, einem mit Moos verstopften Loch in einem bestimmten Baum, und wir gingen zum Haus. Er besah sich die Fensterscheibe und ebenso die auf der rückwärtigen Seite, untersuchte auch den Stein, den ich dort liegen gelassen hatte, wo er lag.[8] Alles bestätigte seine Ansicht: Dieses Gebäude hatte kein Inneres, die Vorder- und die Rückseite waren ohne jeden Zweifel identisch. Natürlich galt das Gleiche für die Fenster.

Er schloss die Tür mit seinem Reserveschlüssel auf und trat beherzt ein. Es geschah nichts anderes als beim ersten Mal. Für mich sah es aus, als verschlucke ihn plötzliche Dunkelheit, für ihn war es, als träte er im gleichen Augenblick aus der gegenüberliegenden Tür ins Freie. Nun probierten wir auch die Türen in den Seiten aus, wobei der Ausdruck Vorderfront oder Seite bei diesem Haus, das ja nach allen vier Richtungen völlig gleich aussah, im Grunde unzutreffend ist. Jedenfalls zeigte sich, dass der Schlüssel für alle vier Eingangstüren passte (obgleich doch nur ein Schloss erneuert worden war) und dass in jedem Fall das Gleiche geschah.

Noch immer hatte ich mich bis jetzt geweigert, selbst durch eine der Türen zu treten. Da schlug mein Bruder folgendes Experiment vor: Er wollte von der einen Seite seine Hand durch die Tür strecken, ich sollte sie auf der anderen ergreifen und schütteln. Ich stellte mich also bei einer der Türen auf und wartete. Die Hand erschien, ich ergriff sie und schüttelte sie, aber mein Bruder ließ meine Hand nicht wieder los, sondern zog mich mit aller Kraft auf seine Seite herüber. Ich wehrte mich, schrie, stolperte und schlug mir beim Hinfallen die Knie auf – doch das geschah schon auf der anderen Seite, der meines Bruders. Ich weinte laut, mehr aus Schreck und wegen einer unbegreiflichen Traurigkeit, die plötzlich bergeschwer auf meiner Seele lag, als wegen der Schmerzen. Jedenfalls machten wir nicht weiter, ich humpelte heulend nach Hause, und mein Bruder folgte mir, nachdem er das Haus sorgfältig abgeschlossen hatte. Es genügte übrigens, eine der Türen abzuschließen, damit alle verschlossen waren.

Während der nächsten Tage hänselte mich mein Bruder wegen meiner Ängstlichkeit oder Wehleidigkeit, aber bald vertrugen wir uns wieder und machten neue Versuche. Nachdem nun auch für mich der Bann einmal gebrochen war, wurden unsere Spiele immer unbekümmerter. Wir machten uns einen knabenhaften Jux daraus, die unbegreifliche Eigenschaft des Hauses auf immer neue Art zu erproben. Wir spritzten Wasserstrahlen hinein, ließen aus Papier gefaltete Flugzeuge hindurchfliegen, trugen uns huckepack, machten Purzelbäume – immer mit dem gleichen Ergebnis. Wir stellten dabei fest, dass man immer nur durch die entgegengesetzte Tür ins Freie kam, dass es also unmöglich war, etwa von vorne einzutreten und zur linken oder rechten Seite herauszukommen. Daraufhin vergnügten wir uns damit, dass der eine von uns von vorn nach hinten das Haus durchsprang, der andere gleichzeitig von links nach rechts. Obwohl wir beide auf »eins, zwei, drei!« losliefen, prallten wir doch niemals im Inneren zusammen. Ein Beweis mehr für meinen Bruder Emil, dass er mit seiner Behauptung recht hatte.

Wer weiß, was wir noch alles angestellt hätten und ob wir nicht doch noch eines Tages von der Schoaßwalli erwischt worden wären, wenn ich nicht zusammen mit den anderen Kindern meiner Gymnasialklasse 1944 wegen der immer verheerenderen Luftangriffe auf die Stadt München in ein sogenanntes Kinderlandverschickungslager (K. L. V) nach Murnau am Staffelsee verbracht worden wäre. Gleichzeitig wurde mein Bruder, eben sechzehnjährig, zur Wehrmacht eingezogen und fiel schon wenige Monate später an der Ostfront, die ja zu diesem Zeitpunkt bereits in heilloser Auflösung war.

Als ich nach Kriegsende und dem Zusammenbruch des »Tausendjährigen Reiches« zu meiner Mutter zurückkehrte – der Vater kam erst zwei Jahre später als gebrochener Mann aus der Gefangenschaft heim –, war es eine meiner ersten Unternehmungen, das Haus der Schoaßwalli aufzusuchen. Es war nicht mehr da. Bei den letzten Kämpfen um München war es von einer Bombe getroffen und dem Erdboden gleichgemacht worden.

Das Folgende weiß ich nur vom Hörensagen und habe es aus den wenigen Berichten einiger ortsansässiger Augenzeugen rekonstruiert: Wenige Tage vor der Zerstörung des Hauses, so erfuhr ich, seien mehrere Autos vorgefahren. Etwa zehn oder fünfzehn Personen, einige in Parteiuniformen mit hohen Rangabzeichen, andere in Zivil, seien ausgestiegen und in das Haus gegangen. Unter ihnen sei auch die Schoaßwalli gewesen. Sie seien nicht wieder herausgekommen, die Autos hätten noch tagelang leer an der gleichen Stelle gestanden – doch habe sie natürlich niemand zu berühren gewagt. Wer die Leute gewesen seien, wisse man nicht, doch will man mindestens zwei führende Persönlichkeiten des Regimes unter ihnen erkannt haben, die seither spurlos verschwunden seien und wohl für immer unauffindbar bleiben würden. Da die Namen der beiden Persönlichkeiten aber in den verschiedenen Berichten wechseln, halte ich es für richtiger, sie hier ganz zu verschweigen. Die Frau des Schlossermeisters Ruppel behauptet übrigens, sie habe gesehen, wie das Haus im Augenblick, da es von der Bombe getroffen wurde, nicht auseinandergeflogen sei, sondern sozusagen nach innen gesogen wurde und spurlos verschwand. Weder Mauertrümmer noch Bombensplitter seien übrig geblieben.

Ich habe mich in den seither verflossenen Jahren bemüht, wenigstens das Baujahr des Hauses herauszubekommen, doch waren meine Nachforschungen vergeblich, da alle Grundbücher für die Zeit von 1930 bis 1935 entweder in den letzten Kriegstagen verbrannten, oder – was mir wahrscheinlicher vorkommt – von der Schoaßwalli und ihren Genossen weggeholt, vielleicht sogar mit in das Haus geschafft worden sind und somit für immer verloren gingen. Den Grundbüchern von 1935 bis 1945 zufolge war die Fläche des Flurstücks 28b, wie eingangs schon erwähnt, um 115 qm größer als nach dem Verschwinden des Hauses. Diese Differenz dürfte nach meiner Schätzung etwa der Grundfläche des Hauses entsprochen haben.

Ich habe mich damit natürlich nicht zufriedengegeben. Ich wollte mir Klarheit darüber verschaffen, ob diese 115 qm samt dem Haus irgendwann sozusagen aus dem Nichts entstanden und später wieder ins Nichts hinein verschwunden sind. In diesem Fall, so sagte ich mir, müsste die Flächenangabe in den Grundbüchern vor 1930 der heutigen entsprechen. Doch auch hier kam ich nicht weiter, denn ausgerechnet innerhalb der Zeit jener fünf Jahre, für die alle Dokumente verloren gegangen sind, wurden im Zuge einer Flurbereinigung alle Grundstücke in und um Feldmoching neu aufgeteilt, sodass ich nicht in der Lage bin, das heutige Flurstück 28b aus der vor 1930 aufgezeichneten Einteilung zu erkennen. Das Amt, das ich bei diesen doch gewiss nicht gleichgültigen Untersuchungen um seine Hilfe bat, wies alle meine Gesuche ab. Ich kann mich dabei des Eindrucks nicht erwehren, dass dies auf Anweisung von höherer Stelle geschah. Man schreckte nicht einmal davor zurück, mir in aller Deutlichkeit zu verstehen zu geben, dass meine Fragen unsinnig seien und ich jedenfalls besser täte, mich mit denselben an einen Psychiater zu wenden. Seither habe ich die Sache auf sich beruhen lassen.

Ich kann nicht sicher sein, verehrter Herr, dass Sie darüber anders denken und meinem Bericht auch nur den geringsten Wert beimessen. Die Zusicherung meiner Ernsthaftigkeit und Gewissenhaftigkeit habe ich Ihnen als Akademiker bereits gegeben und wiederhole sie noch einmal. Seit meiner Knabenzeit bewegt mich in zunehmendem Maße der Gedanke, dass unsere sogenannte Realität nur das Parterregeschoss, um nicht zu sagen die Hausmeisterwohnung in einem ungeheuren Bauwerk mit zahllosen Stockwerken nach oben und wohl auch nach unten ist. Dass die Existenz jenes Hauses, das ich Ihnen zu schildern versuchte, heute so unbeweisbar und so unglaublich erscheint, als wäre es nie gewesen, fügt sich, wie ich meine, nur allzu gut ins Bild der Zeit. Nicht anders verhält es sich ja mit so manchem in unserer jüngsten Geschichte.

Mit dem Ausdruck der vorzüglichsten Hochachtung!
Ihr ergebener Joseph Remigius Seidl
Studienrat a. D.

P. S.: Vielleicht besteht das ganze Geheimnis des Bösen einzig und allein darin, dass es keines hat.

Zugegeben etwas klein

Abends pflegen die Römer sich auf den Pincio oder den Gianicolo zu begeben, um von diesen beiden Hügeln aus ihre Stadt zu bewundern. Das machen sie seit zweitausend Jahren, ohne es je leid zu werden. Da stehen sie dicht gedrängt an den steinernen Balustraden und zeigen dahin und dorthin über das Meer der Dächer und Kuppeln, die in diesem einzigartigen violetten Licht verschwimmen und verglühen, als sei jeder Abend aller Tage Abend.

»Ecco il Colosseo!«

»Ecco Santa Maria Maggiore!«

»Ecco la Dentiera!«

(»Zahnprothese« – so nennen sie den Altar des Vaterlandes, ein riesenhaftes, weißes Marmormonument, das Vittorio Emanuele direkt neben dem Kapitol errichten ließ.)

Die Männer erklären mit einem gewissen Besitzerstolz, die Frauen und Kinder hören ihnen bewundernd zu, als sei ihnen das alles ganz neu.

Die meisten kommen natürlich im Auto, denn der Weg hier herauf ist beschwerlich. Liebespaare bevorzugen möglichst schwere Motorräder, die sie mit laufendem Motor stehen lassen. Doch der Lärm stört niemand. Die Umstehenden drehen einfach ihre Transistorradios lauter, was zur Folge hat, dass alle sich schreiend verständigen müssen. Aber lautes Schreien gilt bei diesen Leuten als Ausdruck gesteigerter Lebensfreude. Das erklärt vielleicht auch ihre ansonsten unerklärliche Vorliebe für Opernarien.

Was für eine Stadt! Was für ein Volk!

Eines Abends also saß ich auf einer Parkbank des Gianicolo und betrachtete die Römer, während sie Rom betrachteten. Mich wiederum betrachtete seit einiger Zeit ein stoppelbärtiger Kerl mit nachdenklichem Blick. Ich erhob mich, um mir einen anderen Platz zu suchen, aber so einfach wollte er mich nicht entkommen lassen. Er fasste mich am Ärmel, zog mich zur Balustrade und wies mit großer Gebärde ins Weite.

»*Ecco la cupola di San Pietro! Bella, eh?*«

Ich nickte, woraufhin er mir fordernd die offene Hand hinhielt.

Ich fischte eine Hundert-Lire-Münze aus meiner Tasche, um seine Dienstleistung zu belohnen.

Hundert Lire für den Petersdom? Er schien nahe daran, mir das Geld vor die Füße zu werfen. Die Umstehenden, von ihm zu Zeugen meines Banausentums angerufen, wandten uns ihre Aufmerksamkeit zu und musterten mich mit geringschätzigen Blicken. Ich gab weitere hundert Lire und entfloh.

Nach kurzem Umherirren fand ich mich tiefer im Park am Rande eines kleinen Teiches wieder. In dessen Mitte befand sich ein Inselchen und auf diesem erhob sich ein sonderbares Gehäuse von etwa drei oder vier Metern Höhe. Da seine Wände aus Glasscheiben bestanden, konnte man in seinem Inneren einen komplizierten Mechanismus beobachten. Es handelte sich um eine Uhr, unter der ein Waagebalken angebracht war, an dessen beiden Enden sich schöpflöffelartige Gefäße befanden. Aus einem Wasserreservoir darüber ergoss sich – mittels einer Art Weichenstellung, die durch die Bewegung des Waagebalkens reguliert wurde – abwechselnd links und rechts ein Strahl in das jeweils oben stehende Gefäß, wodurch dieses nach unten sank, seinen Inhalt ausschüttete, wiederum stieg und so die Bewegung des Waagebalkens erzeugte, die ihrerseits das Uhrwerk antrieb.

Während ich noch über das Funktionieren der mysteriösen Apparatur grübelte, hielt neben mir am Straßenrand eines jener lächerlich kleinen Autos, die wie Brötchen aussehen, aber den Vorzug haben, selbst die engsten und verwinkeltsten Gässchen der Stadt noch als Rennstrecke benützen zu können.

Die linke Tür öffnete sich und heraus stieg ein dicker Mann mit Glatze und gerötetem Gesicht. Dann tat sich auch die rechte Tür auf und eine ebenso beleibte Frau wälzte sich ins Freie, deren Oberlippe von einem leichten Schnurrbartflaum geziert war und die, als sie endlich stand, den Mann um Haupteslänge überragte. Sie schwitzte stark und kühlte sich mit einem Fächer. Inzwischen war aus der ersten Tür ein mageres junges Mädchen von vielleicht vierzehn Jahren geklettert, gefolgt von einem zweiten, das etwa achtzehn Jahre zählen mochte und einen erstaunlich ausladenden Busen besaß. Dann kamen nacheinander drei schwarz gelockte Knaben ans Tageslicht, die sich balgten und pufften. Ich hätte sie auf zehn, acht und fünf Jahre geschätzt. Als ich schon glaubte, nun sei's zu Ende, erschien noch schnaufend und hustend ein hagerer, weißhaariger Alter mit Zigarette im Mundwinkel. Als er sich auseinandergeklappt hatte, war er fast zwei Meter hoch.

Verblüfft starrte ich auf das zwergenhafte Fahrzeug und dann wieder auf die Menschengruppe, und so achtete ich zunächst nicht darauf, was der Dicke den anderen, die ihm andächtig lauschten, zu erklären begann. Offenbar handelte es sich um eine Familie, deren Oberhaupt er war. Die umfangreiche Dame mit dem Schnurrbart musste seine Gattin sein, und die fünf Kinder waren ihre Söhne und Töchter. Der weißhaarige Alte wurde von niemand angeredet und schwieg seinerseits beharrlich. Vielleicht war er ein entfernter Verwandter, oder er war einfach nur so dabei. Die anderen schnatterten inzwischen alle durcheinander. Die Diskussion hatte sich erhitzt.

»Aber es kann nicht sein!«, rief der älteste Knabe. »Es ist nicht möglich, weil …«

»Ruhe!«, fiel ihm der Vater ins Wort, »ich erkläre es euch noch einmal, aber ich bitte mir etwas mehr Aufmerksamkeit aus. Also: Die Wasserstrahlen bewegen, wie ihr seht, den Waagebalken, und dieser treibt nicht nur das Uhrwerk an, sondern zugleich eine Pumpe, die das Wasser aus dem Teich in das Reservoir hinaufbefördert. Wo käme denn sonst dieses Wasser her?«

»Vielleicht aus der städtischen Wasserleitung?«, ließ sich das magere Mädchen vernehmen.

»Unsinn!«, versetzte der Vater und blickte sie streng an. »Ich sage euch, dieses ganze Wunderwerk hält sich durch die Energie in Gang, die es selbst produziert. Also kann man es mit vollem Recht ein Perpetuum Mobile nennen. Wieso denn nicht?«

»Weil«, rief nun wieder der älteste Knabe, der übrigens Belisario hieß, »weil unser Lehrer gesagt hat, ein Perpetuum Mobile gibt es nicht und kann es niemals geben. Das ist wissenschaftlich erwiesen. Darum!«

»Willst du etwa die Worte deines Erzeugers bezweifeln, du Lausejunge?«, schrie der Vater und wurde noch röter im Gesicht. »Willst du mich der Lüge bezichtigen?«

Die Mutter legte ihm die Hand auf den Arm. »Aber wenn's doch der Lehrer gesagt hat.«

»Der Lehrer, der Lehrer!«, antwortete der Vater mit rollenden Augen. »Wer ist das überhaupt? Wer kennt ihn schon? Was weiß denn der von solchen Dingen? Aber ich, euer Vater, ich weiß es, denn diese Wasseruhr ist eine Schöpfung unseres Ururgroßschwagers, also eines Mitgliedes unserer Familie, quasi ein Urahn. Da dürfte man wohl etwas mehr Respekt erwarten.«

»Hab ich ja«, maulte Belisario, »aber ein Perpetuum Mobile kann es trotzdem nicht sein, weil es keins gibt.«

»Aber wenn du's doch hier vor der Nase hast!«, brüllte der Vater. »Hast du keine Augen im Kopf?«

Plötzlich wandte er sich mit leidender Miene an mich.

»Sagen Sie selbst, *Signore,* was soll man mit dieser heutigen Jugend anfangen? Sie glauben ihren eigenen Eltern nicht mehr. Ist es nicht hoffnungslos?«

Ich versuchte mich mit einigen undeutlichen Lauten aus der Affäre zu ziehen. »Genau!«, rief der Dicke erfreut. »Wie recht Sie haben! Der Materialismus ist es, der schon die Kinder von früh an verblendet. Da hört ihr es selbst, was der *Dottore* sagt, und er ist ein gebildeter Mann.«

Dottore wird in Rom jeder genannt, der eine Brille trägt und so aussieht, als habe er schon einmal ein Buch gelesen.

Für die nächsten zehn Minuten wurde ich zum Mittelpunkt einer allgemeinen Debatte, in der alle – außer dem schweigsamen Alten – mich zum Kronzeugen ihrer Argumente erkoren. Da ich mich dieser Verantwortung nicht gewachsen fühlte, murmelte ich schließlich, dass es mir leidtäte, das anregende Gespräch abbrechen zu müssen, aber eine dringende Verabredung zwänge mich zu gehen.

Wo ich denn hin wolle?

Da mir gerade nichts Besseres einfiel, nannte ich die weit entfernte Via Marmorata beim Testaccio.

Und wie ich dort hinkommen wolle?

Ich stotterte etwas von einem Taxi.

Der dicke Mann – er wurde übrigens von seiner Frau Drucio, von den Kindern Babbo genannt – hob beschwörend die Hände.

»Tun Sie das nicht, *Dottore!* Sie sind nicht von hier, nicht wahr? Ich sage Ihnen, die Taxifahrer in dieser Stadt sind alle Räuber und Banditen. Wir werden nicht zulassen, dass man einen Freund ausbeutet. Außerdem müssen wir sowieso fast in die gleiche Gegend. Wir werden Sie mitnehmen. Kommen Sie, kommen Sie nur!«

Obwohl der Abend inzwischen kühl geworden war, brach mir bei der Vorstellung, in dem winzigen Fahrzeug womöglich auf dem Schoß der schnurrbärtigen Gattin kauern zu müssen, der Schweiß aus. Ich suchte verzweifelt nach Ausflüchten, doch keine hielt der überwältigenden Freundlichkeit der Familie stand.

»Ach was, Umstände!«, rief Drucio. »Sie machen uns überhaupt keine Umstände. Es ist uns ein Vergnügen und eine Ehre, einem ausländischen Freund wie Ihnen einen kleinen Gefallen tun zu können.«

Die Knaben zerrten an mir und die Mädchen schoben mich von hinten in Richtung auf den Kleinwagen zu. Die Mutter lächelte und entschied: »Rosalba wird uns fahren. Sie hat gerade erst ihren Führerschein bekommen und ist sehr stolz darauf. Machen Sie doch dem Kind eine Freude!«

Mit einem letzten lahmen Versuch des Widerstandes wies ich darauf hin, dass es im Auto möglicherweise zu eng werden könne.

»Zugegeben, es wirkt äußerlich ziemlich klein«, erwiderte Drucio, »aber es ist innen erstaunlich geräumig. Nun komm schon, *Dottò!*«

Von diesem Augenblick an duzten mich alle. Ich war lebenslänglich in den Kreis der Familie aufgenommen. Ohne Berufung.

Ehe ich mich's versah, hatte man mich auf einem der hinteren Plätze verstaut. Rasalba – es war die Tochter mit dem erstaunlichen Busen – saß bereits hinter dem Steuer.

»Denke daran«, sagte der Vater, während er neben ihr Platz nahm, »denke daran, mein Kind, wenn eine Ampel Rot zeigt, so bedeutet es, dass du beim Überqueren der Kreuzung besser nach links und rechts schauen solltest, denn es gibt viele rücksichtslose Verkehrsteilnehmer.«

»*Sì*, Babbo«, antwortete das Mädchen gehorsam, und ab ging die Fahrt, dass die Reifen jaulten.

Ich schloss die Augen und klammerte mich an der Rückenlehne des vor mir sitzenden weißhaarigen Alten fest. Erst nach einer Weile wagte ich es, mich umzusehen. Tatsächlich hatte das Fahrzeug, von innen betrachtet, etwa die Geräumigkeit eines Kleinbusses. Jedes Familienmitglied saß auf einem eigenen Sitz. Hinter mir gab es sogar noch so etwas wie einen Laderaum, der sich jedoch in der Dunkelheit verlor.

Drucio wandte sich um und schaute mich Beifall heischend an.

»Erstaunlich!«, sagte ich und nickte ihm anerkennend zu.

Er kletterte über den Sitz nach hinten und ließ sich neben mir nieder.

»Im Grunde ist es ganz einfach eine Frage des Überlebens«, erklärte er. »Unsere Städte sind eng und überbevölkert und ersticken im Blech. Immer mehr Leute fahren mit dem Auto, selbst wenn sie nur eben um die nächste Ecke wollen, um Zigaretten zu kaufen. Also war es für die Industrie notwendig, die Fahrzeuge äußerlich immer kleiner und innerlich immer geräumiger zu machen. Eine Lösung, die gewissermaßen auf der Hand lag.«

»Ah«, sagte ich, »so einfach ist das.«

»Sissignore«, antwortete er, »man muss eben nur drauf kommen. Aber es war ja immer schon unsere besondere Begabung, uns mit den Notwendigkeiten irgendwie zu arrangieren.«

»Sehr wahr«, gab ich zu.

»Komm, *Dottò*«, forderte er mich auf, »ich zeige dir noch mehr.«

Wir erhoben uns und tasteten uns taumelnd und von Rosalbas rasanter Kurventechnik geschüttelt nach hinten in den Laderaum.

Drucio öffnete eine metallene Schiebetür und knipste Licht an. Vor uns lag ein schmaler Flur, großblumig tapeziert, mit mehreren normalen Zimmertüren. Er öffnete die erste. Ich blickte in einen kleinen Raum. In den beiden gegenüberliegenden Ecken standen je ein doppelstöckiges

Bett, an den Wänden Schränke und Kommoden und ein Schreibpult sowie eine ansehnliche Stereoanlage.

»Das Zimmer unserer vier Söhne«, erklärte Drucio.

»Vier?«, fragte ich verwirrt.

»*Sì*, Nazzareno, unser Ältester, liegt gerade im Krankenhaus Salvator Mundi wegen einer Blinddarmoperation.«

»Ach so.«

Das nächste Zimmerchen war der Schlafraum der beiden Töchter, mit zahllosen Posters an den Wänden, darunter eines von Al Bano und Romina Power über dem Bett der jüngeren. Über dem der älteren dagegen hing eines von Angelo Branduardi, auf dem man fast nichts als Haare sah. Im Übrigen war hier alles rosa.

»*Mbeh!*«, war der Kommentar des Vaters.

Es folgte das Elternschlafzimmer mit dem obligatorischen Doppelbett aus ornamental verschlungenen Messingröhren und dem Bild einer barbusigen Magdalena an der Wand darüber, die, einen Totenschädel in den Händen, tränenfeuchten Auges gen Himmel blickte.

Die nächste Tür – »Das ist nur das Bad« – wurde übersprungen.

Wir wechselten auf die andere Seite des Flurs und betraten die Wohnküche. Dort saß eine alte Frau, die so dick war, dass sie für jede Gesäßhälfte einen eigenen Stuhl benötigte. Sie war nur mit einem Unterrock bekleidet, hatte ein Haarnetz auf dem Kopf und badete ihre Füße in einer Schüssel mit Seifenwasser. Vor ihr stand ein Fernsehapparat, in dem gerade eine Quizsendung mit Mike Bongiorno lief.

»Mamma«, brüllte Drucio ihr ins Ohr, »ich habe einen Freund mitgebracht.«

Sie blickte kurz auf und schlug mit der Hand ein Kreuz in meine Richtung. Dann wandte sie ihre Aufmerksamkeit wieder dem Quiz zu.

»Mamma ist eine Heilige«, erklärte mir Drucio. »Sie wohnt eigentlich nicht ständig bei uns. Sie hat ein kleines Haus auf dem Lande. Aber sie fährt so gern Auto, darum.«

Das Nicken war bei mir inzwischen schon automatisch geworden.

Als Nächstes besichtigten wir den Salotto, einen Repräsentationsraum, der – wie Drucio mir erklärte – normalerweise von der Familie nicht benutzt wurde, sondern Hochzeitsfeiern, Kindstaufen und Beerdigungsversammlungen vorbehalten war. Auf dem hochglanzpolierten Esstisch in der Mitte stand eine Schale aus grünem Marmor, gefüllt mit allerlei Früchten aus Plastik. In einem Vertiko an der Wand waren Erinnerungsstücke und Kostbarkeiten ausgestellt, so zum Beispiel mehrere Madonnen aus Porzellan und Gips, der Größe nach geordnet, eine Gondel voller Pralinen, ein Eiffelturm und eine kleine Büste von Johannes XXIII. als Rauchverzehrer. In einer Zimmerecke stand eine vergoldete Konsole, darauf eine Stehlampe in Gestalt einer Haremsdame, die eine Fackel emporstemmte.

»Und nun noch mein Studio«, sagte Drucio, während er eine weitere Tür öffnete.

Ich blickte in eine Kammer, die mir wie eine Mischung aus Apothekerladen, Schusterwerkstatt und Sakristei erschien. Da gab es eine Unmenge Flaschen und Gefäße aller Art, Schachteln und Dosen, Kruzifixe in allen Ausführungen, Amulette, Kräuterbüschel, Tarotkarten und an den Wänden astrologische Zeichen.

»Zugegeben«, meinte mein Gastgeber, »es ist alles etwas klein und eng hier, aber wir sind bescheidene Leute. Für uns genügt es. Wichtig ist doch, dass man die Wärme der Familie um sich hat, du verstehst, was ich meine?«

»Nein«, sagte ich, »das heißt, ja. Ich meine, das verstehe ich schon, aber eigentlich verstehe ich überhaupt nichts mehr …«

Er blickte mich besorgt an.

»Du bist ja bleich wie ein Handtuch. Vielleicht verträgst du das Autofahren nicht. Es gibt viele Leute, die werden seekrank davon, vor allem auf den hinteren Plätzen. Ich werde dir etwas geben. Du wirst sehen, gleich wird dir besser.«

»Nein, nein«, wehrte ich erschrocken ab, »das ist es nicht. Vielen Dank, ich bin schon wieder ganz in Ordnung.«

Ich taumelte auf den Flur hinaus. Er folgte mir und schloss die Tür seines Studios sorgfältig mit dem Schlüssel ab.

»Nur wegen der Kinder«, erklärte er. »Übrigens sind wir bereits am Ziel. Du kommst rechtzeitig zu deiner dringenden Verabredung, mach dir keine Sorgen, lieber Freund.«

Ich stand vor der letzten Tür.

»Und hier?«, fragte ich matt, »was ist hier?«

»Ach«, sagte er, »nichts Besonderes. Da geht's nur zur Garage.«

»Wie – Garage?«, flüsterte ich und konnte nicht verhindern, dass meine Lippen zitterten.

Er öffnete. Ich sah tatsächlich das Innere einer Garage vor mir, deren Einfahrt in diesem Augenblick offen stand.

»Nun ja, *Dottò*«, erwiderte er beiläufig, »du weißt doch selbst, dass es immer schwieriger wird, in der Stadt einen Parkplatz zu finden. Da ist es doch nur praktisch, wenn im Auto eine eigene Garage als Zubehör gleich mit eingebaut ist, in der man das Auto abstellen kann. Das erspart enorm Zeit. Zugegeben, sie ist etwas klein, aber für ein so kleines Auto völlig ausreichend.«

In diesem Augenblick verwirrte sich mein Geist endgültig, es war einfach zu viel. Mit einem Aufschrei stieß ich Drucio beiseite und rannte in Panik durch das offene Garagentor ins Freie. Ich rannte und rannte wie ein gejagter Hase im Zickzack über die mittlerweile nächtlichen Straßen zwischen all diesen herumflitzenden Kleinautos hin und her, bis mich schließlich die Flüche der Fahrer und meine Atemnot zum Innehalten zwangen.

Erst spät in der Nacht fand ich in meine Behausung zurück, doch obgleich ich völlig erschöpft war, konnte ich kein Auge zutun. Bei dem Versuch, das Erlebte zu begreifen, liefen meine Gedanken wie chinesische Tanzmäuse im Kreise. Erst im Morgengrauen und nach ziemlich vielen Gläsern schweren Rotweins gelang es mir, das Karussell zum Stehen zu bringen und in dumpfen, traumlosen Schlaf zu sinken.

Am nächsten Tag fand ich in meiner Jackentasche eine Visitenkarte. Da ich beschlossen hatte, die ganze unmögliche Angelegenheit aus meiner Erinnerung zu streichen, weigere ich mich bis heute zu glauben, dass es Drucio war, der sie mir zugesteckt haben könnte – obwohl ich nicht weiß, wer es sonst getan haben sollte. Ich las:

Asdrubale Guradalacapoccia
Magier
Spezialitäten:
Liebestränke – Abwehr gegen bösen Blick –
Tototipps – Wohnungsbeschaffung etc. –
Sprechstunden nach Vereinbarung.

Und dann stand da noch die Telefonnummer. Ich habe ihn aber nicht angerufen, weder am nächsten Tag noch irgendwann. Die winzige Chance für meinen Verstand, dass es ihn, seine Familie und sein Auto ganz einfach nicht gibt, möchte ich nicht so leichtfertig aufs Spiel setzen.

Nachtrag: Vor Kurzem las ich in einer seriösen Zeitschrift eine Berufsstatistik, derzufolge es in Italien mehr als dreißigtausend behördlich gemeldete und beglaubigte Magier gibt.

Das erklärt natürlich alles.

Was für ein Land! Was für Leute!

Die Katakomben von Misraim

Die Einsicht kam plötzlich und war unbezweifelbar. Es half nichts, sich gegen sie zu wehren. Er, Iwri, war anders als alle anderen Leute des Schattenvolkes. Diese Einsicht machte ihn keineswegs glücklich.

Er lag in seiner Schlafnische und konnte keinen Schlaf finden. Mit offenen Augen starrte er zur Decke hinauf, die nur eine Handspanne über seinem Gesicht lag, hart, schwarz, steinern. Er versuchte sich zu erinnern, aber vergeblich.

Früher war sein Schlaf, wie bei allen anderen Schatten, ein bewusstloser Starrezustand gewesen, eine ausgesparte, dunkle Stelle zwischen den wachen Phasen der Tätigkeit und der Nahrungsaufnahme. Doch letzthin hatte sich etwas geändert, er empfing im Schlaf undeutliche Eindrücke, Bilder zogen an ihm vorüber, nie gekannte Gefühle bestürmten ihn. Er entsann sich dämmerhaft, in diesen Zuständen an ein letztes, äußeres Ende der Welt von Misraim gekommen zu sein und dort Öffnungen geschaut zu haben, die den Ausblick auf etwas gewährten, das außerhalb der Katakomben lag. Was dieses Außerhalb gewesen war, hatte sein Gedächtnis nicht festhalten können, doch seine Wangen waren jedes Mal nach dem Erwachen nass von Tränen. Iwri musste sich eingestehen, dass er sich nach diesen abnormen Zuständen sehnte. Zugleich schämte er sich dafür, denn er war sicher, dass er sich Illusionen hingab. Und das galt allgemein als unverzeihliche Schwäche.

Nach der offiziellen Lehre, die niemand zu bezweifeln wagte, war die Welt von Misraim, dieses labyrinthische Universum aus Gängen, Treppen, Hallen, Stollen, Kammern und Höhlen, in welchem das Schattenvolk lebte, arbeitete, schlief und sich fortpflanzte, die einzig mögliche Wirklichkeit. Es gab große Wissende, die berechnet hatten, dass dieses ganze Katakombensystem zwar nicht unendlich, aber dennoch unbegrenzt sei. Durch eine unwahrnehmbare Krümmung aller Räume in sich selbst kehre ein hypothetischer Wanderer, der sich immer in einer bestimmten Richtung fortbewege, nach einer unvorstellbar langen Reise von der entgegengesetzten Seite zu seinem Ausgangspunkt zurück. Dabei sei es ganz gleichgültig, ob dazu schon vorhandene Gänge und Tunnel benutzt oder ganz neue gegraben würden, in welche Richtung auch immer. Seither war die Frage, was möglicherweise jenseits der Grenzen von Misraim sei, endgültig als unvernünftig entlarvt und wurde nicht mehr gestellt. Ein solches Außerhalb konnte es schlicht und einfach nicht geben, weil sein pures Vorhandensein es ja eben zu einem Teil von Misraim und damit gerade zu einem Nicht-Außerhalb gemacht hätte. Das Einzige, was seit jeher bestanden hatte und immer bestehen würde, waren die Katakomben. Dementsprechend galt auch jede Frage danach, wie man denn hier hereingeraten sei, nur als ein Zeichen grenzenloser Unwissenheit und wurde spöttisch oder nachsichtig belächelt. Da es kein Hinaus gab, war ja auch ein Herein unmöglich. Als Zeichen hoher Bildung und illusionsloser Aufgeklärtheit galt es dagegen unter den Schatten, sich damit zufriedenzugeben, dass man nun einmal da war, ohne einen Sinn darin oder einen Grund dafür zu suchen. Das Bewusstsein, sich keinerlei Selbsttäuschung hinzugeben, erfüllte die Wissenden sogar mit einigem Stolz, weshalb sie sich selbst den Titel »die Ent-Täuschten« oder »die Ent-Täuscher« beilegen durften. Dementsprechend galt beim ganzen übrigen Volk der Schatten nur das für wahr, was den bitteren Geschmack von Enttäuschung hatte.

Die Schlafnische, in der Iwri lag, war eine von vielen, die sich in den Wänden der großen Ruhehöhle befanden, genauer gesagt, die siebente von unten und die achtundzwanzigste von rechts in der westlichen Wand, und nur durch eine der fahrbaren Leitern zu erreichen. Auch die anderen Wände waren voller Schlafnischen, eine wie die andere zwei Meter lang und einen halben hoch. Und es gab andere Ruhehöhlen in allen Teilen der Katakomben, größere als diese und kleinere. Wie viele wusste Iwri nicht. Er hatte sagen hören, dass es sogar Grabkammern für Paare oder für Einzelne geben solle, dabei musste es sich aber wohl um besonders privilegierte Mitglieder des Schattenvolkes handeln.

Iwri durchforschte sein Gedächtnis, wann diese seltsamen Zustände zum ersten Mal über ihn gekommen waren. Bei der Frage nach dem Wann stellte er nicht ohne Beunruhigung fest, dass er seine Wachphasen nicht voneinander unterscheiden konnte. Es war ihm, als erblicke er nur eine endlose Reihe von Spiegelbildern, vollkommen identisch, die sich nach hinten in der Dämmerung verloren. Ein immer gleiches bleigraues Zwielicht erfüllte alle Räume in Misraim, ein Licht, das von nirgendwo herzukommen schien, so, als stünde es wie Nebel in der reglosen Luft. Im Grunde, so sagte er sich, gab es überhaupt keine Zeit, wenn Zeit Veränderung bedeutete, sondern nur die unablässige Wiederholung ein und desselben, ein immerwährendes amorphes Jetzt. Die Zeit war gleichsam ein dickflüssiger Brei, der ständig umgerührt werden musste, damit er in Bewegung blieb. Sobald man die Hand zurückzog, stockte er, und es gab keinen Unterschied zum Vorher oder Nachher, so als sei er überhaupt nie in Bewegung gewesen.

»Es führt zu nichts«, hörte er die Stimme des Chefs ganz nahe an seinem Ohr. »Es ist eben so, wie es ist. Du willst jetzt aufhören mit der nutzlosen Grübelei. Du möchtest viel lieber denken, was alle denken, und tun, was alle tun. Du willst zur Gemeinschaft gehören. Du willst dich nicht aussondern.«

Iwri kannte diese Stimme, wie jeder Schatten sie kannte. Der da zu ihm sprach, war der Direktor und Oberste Anordner von Misraim, Herr Bechmoth. Niemand hatte ihn je zu Gesicht bekommen und doch war er allgegenwärtig durch dieses leise, heisere Raunen von bezwingender Eindringlichkeit. Außer in den Schlafphasen redete er fast ohne Unterbrechung zu jedem Einzelnen, gab ihm Anweisungen und Befehle, lobte, tadelte, lenkte und koordinierte dessen Tätigkeit mit der aller anderen. Wie er das bewerkstelligte, ob durch ein unvorstellbar ausgeklügeltes System verborgener Lautsprecher oder gar im Ohr eingebauter Empfänger, war selbst den Wissenden unbekannt, doch galt seine Fähigkeit, all die zahllosen und dabei überaus spezifischen Anordnungen immerfort gleichzeitig zu übermitteln, ohne je irgendein Zeichen von Ermüdung oder Verwirrung erkennen zu lassen, als ein Mysterium übermenschlicher Intelligenz, das jeden Widerspruch von vornherein als absurd erscheinen ließ. Deshalb wurde ihm vom Volk der Schatten nahezu religiöse Verehrung und bedingungsloser Gehorsam gezollt.

»Du willst jetzt aufstehen und an deine Arbeit gehen«, raunte die Stimme.

Die Leiter glitt selbstständig heran. Iwri wälzte sich aus seiner Schlafnische, stieg hinunter und ging durch den Eingang der Ruhehöhle auf den Hauptkorridor hinaus.

In endlosen Kolonnen marschierten die Schatten zu ihren jeweiligen Arbeitsplätzen, oder sie kamen von dort, treppauf, treppab, durch Tunnels und Korridore, Hallen und Stollen, entlang an bodenlosen Abgründen und über Brücken, bis in die letzten Verästelungen und Kapillaren des unermesslichen Adernsystems von Misraim. Die Tätigkeits-, Schlaf- und Nahrungsaufnahmephasen jedes Einzelnen waren streng geordnet, sodass der Gesamtkreislauf niemals ins Stocken geriet. Für alles Notwendige gab es bestimmte Räume, auch für die intimeren Körperverrichtungen wie Ausscheidung oder Paarung.

Iwri reihte sich ein. Er musste nicht überlegen, wohin er zu gehen hatte, denn die Stimme des Anordners lenkte seine Schritte: »Linke Abzweigung – Treppe hinauf – geradeaus – rechter Tunnel …«

Im Prinzip gab es unter den Schatten keinerlei berufliche Spezifikation, jeder konnte jederzeit zu jeder Arbeit herangezogen werden. So war Iwri derzeit einem Vermessungstrupp zugeteilt, der die Länge, Höhe und Breite aller vorhandenen Treppenstufen festzustellen hatte – bei der unendlichen Zahl solcher Treppen eine Arbeit ohne Aussicht, jemals fertig zu werden. Darum wurden die Mitglieder des Trupps von Zeit zu Zeit ausgewechselt, und die neu Hinzugekommenen fingen wieder von vorne an. Keiner von ihnen wusste, welchen Sinn diese Tätigkeit hatte, und keiner fragte danach. Die Stimme des Chefs versicherte ihnen, dass ihre Arbeit von außerordentlicher Wichtigkeit sei, und es gab keinen Grund, daran zu zweifeln.

Der Fels, in den das ganze Katakombensystem gegraben war, bestand aus einer grafitschwarzen Substanz von großer Schwere und Dichte. Ein kopfgroßes Stück davon wog so viel, dass ein Einzelner es kaum hochzuheben vermochte. Da sie obendrein noch zäh und hart gleichzeitig war, setzte sie jeder Bearbeitung größten Widerstand entgegen. Gelang es aber doch, einen Brocken zu zerschlagen, so zerfiel er sogleich zu Staub. Dieser wurde auf Schienenfahrzeugen fortgeschafft und in weit entfernten Anlagen – Iwri kannte niemanden, der sie je gesehen hatte – zur einzigen Nahrung für das Schattenvolk verarbeitet. Es handelte sich um eine schwarze Brühe, die Hunger und Durst sehr rasch stillte, aber nach nichts schmeckte. Man brauchte nur wenig davon. Der Schatten, der sie zu sich nahm, wurde dadurch dichter und dunkler. Umgekehrt bewirkte der Mangel an Nahrung ein nebelartiges Verwischen der Konturen bei dem Hungrigen, ja, auf längere

Sicht sogar eine leichte Transparenz. Das Gleiche, nur auf nicht mehr rückgängig zu machende Art, geschah auch beim Tode eines Schattens: Er wurde durchsichtig und löste sich wieder in Staub auf.

Trotz des ständigen Nahrungsbedarfes so vieler blieb – nach Auskunft der »Ent-Täuscher« – die Gesamtmenge der Substanz konstant. Was auf der einen Seite abgebaut wurde, kam auf der anderen in Form von Müll, Abfällen, Exkrementen und dem Staub der Hingeschiedenen wieder hinzu. Was sich also im Laufe großer Zeiträume ändern konnte, war höchstens die innere Struktur, nicht aber das ursprüngliche Volumen der Welt von Misraim. Diese Einsicht wurde allgemein als beruhigend empfunden.

Iwri hatte an seinem Arbeitsplatz, wie immer seit er dem Vermessungstrupp angehörte, ein Stück Kreide vorgefunden, mit dem er bestimmte Stellen der Treppe zu bezeichnen hatte. Widerspruchslos ging er ans Werk, doch war er nicht recht bei der Sache. Immer wieder kehrten seine Gedanken zu den seltsamen Erlebnissen während seiner letzten Schlafphase zurück. Als schließlich die Arbeitszeit vorüber war, legte er das Kreidestück nicht, wie es der Vorschrift entsprochen hätte, dorthin zurück, wo er es vorgefunden hatte, sondern steckte es in die Tasche. Niemand schien es zu bemerken, auch die Stimme Bechmoths meldete sich nicht. Er selbst hätte nicht erklären können, warum er es getan hatte. Unterwegs auf dem Rückweg versteckte er das Kreidestück in einem niedrigen Seitengang, der unbenutzt schien. Danach ging er zur Nahrungsaufnahme, wurde dunkler, fühlte sich müde und begab sich gehorsam in seine Schlafnische. Wieder suchten ihn diese seltsamen Bilder heim und wieder konnte er sich nach dem Erwachen nicht erinnern, was er jenseits der Durchblicke gesehen hatte. Das Kreidestück hatte er vergessen, doch da er an seinem Arbeitsplatz ein neues vorfand, kam ihm das nicht einmal zu Bewusstsein.

Während der nächsten Arbeitsphasen wiederholte er seinen Diebstahl noch mehrmals, ohne dass jemand es ihm verwehrt hätte. Erst als er schon sechs oder sieben Kreidestücke in seinem Versteck angesammelt hatte, gelang es ihm, sich nach dem Erwachen an seine ihm vorerst selbst noch ganz unbegreifliche Handlungsweise zu erinnern. Und als die nächste Ruhephase kam, tat er etwas, das ihm selbst als unerhörte Eigenmächtigkeit, ja als Verbrechen erschien. Anstatt sich, wie die Stimme des Chefs es anordnete, in seiner Schlafnische zur Ruhe zu begeben, schlich er zu seinem Versteck. Diesen Weg zurückzulegen bereitete ihm einige Mühe, da er wie alle anderen daran gewöhnt war, bei jedem Schritt geleitet zu werden. Jetzt musste er eigene Entscheidungen treffen. Doch kaum sah er das Häufchen Kreidestücke vor sich, da wurde ihm klar, warum er diesen Ungehorsam begangen hatte.

Er suchte eine möglichst glatte Stelle an einer der Wände und begann, zögernd zunächst und mit wenig Geschicklichkeit, die Umrisse jener Öffnungen zu zeichnen, an die er sich erinnerte. Die ersten Versuche misslangen oder schienen ihm selbst reichlich primitiv, aber er gab nicht auf und versuchte es von Neuem. Was ihn dabei antrieb, war die undeutliche Hoffnung, dass er, wenn ihm erst einmal die Darstellung der Öffnungen überzeugend gelänge, auch das in seinem Gedächtnis wiederfinden würde, was hinter ihnen, dort draußen, jenseits der Durchblicke gelegen hatte. Doch war seine Mühe vergebens.

»Du willst das nicht tun, was du da tust«, hörte er die raunende Stimme des Großen Anordners, die bis jetzt geschwiegen hatte. »Wenn du damit fortfährst, werde ich dich verlassen müssen. Ich habe dich gewarnt.«

Iwri reagierte nicht darauf, sondern arbeitete schweigend und verbissen weiter.

»Was du tust«, sagte die beschwörende Stimme, und zum ersten Mal klang ein Anflug von zorniger Ungeduld in ihr, »was du tust, schmerzt mich. Darum müssen wir deine Existenz streichen. Man wird dich ersetzen. Da du unbedingt leiden willst, leide. Aber es wird Vorsorge getroffen, dass du niemanden mit deiner Krankheit ansteckst. Du gehörst nicht mehr zum Schattenvolk, du bist von nun an nichts mehr. Noch weißt du nicht, was das heißt. Du wirst es lernen.«

Das war für lange Zeit das letze Mal, dass Iwri die Stimme des Chefs hörte.

Nachdem er sein Werk, so gut er es eben konnte, zu Ende gebracht hatte, trat er zurück und betrachtete es eine Weile. Das Ergebnis enttäuschte und entmutigte ihn. Er fühlte sich plötzlich sehr müde.

Er begab sich zur Nahrungsaufnahme, doch teilte niemand ihm seine Ration zu. Er wurde einfach übersehen. Glücklicherweise galt das auch, als er sich selbst versorgte. Niemand hinderte ihn daran, darum beunruhigte ihn die Sache nicht weiter. Das änderte sich allerdings, als er zur Schlafhöhle zurückkehrte, um seine Nische aufzusuchen. Er musste feststellen, dass diese inzwischen von einem anderen Schatten belegt war. Sonst war keine mehr frei.

Iwri kehrte zum Ort seiner Tat zurück. Ein Reinigungstrupp war eben dabei, seine Zeichnungen abzuwaschen.

»Was macht ihr denn?«, fragte er. »Warum tut ihr das?«

Niemand antwortete ihm, man schien ihn nicht einmal gehört zu haben.

»Möchte wissen«, sagte einer der Arbeiter nach einer Weile zu seinem Kollegen, »was das überhaupt sein soll.«

Und plötzlich fiel Iwri das Wort ein. Er erinnerte sich daran, wie an etwas seit Langem Vergessenes.

»Es sind Fenster«, sagte er leise, »Fenster, durch die man hinausschauen kann. Das heißt, es sind natürlich keine wirklichen Fenster, nur Bilder davon, leider. Und sie sind außerdem ziemlich unvollkommen …«

Der Reinigungstrupp beendete seine Arbeit und ging fort. Die Wand war wie vorher.

»Fenster …«, murmelte Iwri. Woher war ihm dieses Wort plötzlich zugeflogen? In der Sprache des Schattenvolkes kam es jedenfalls nicht vor.

Das Häufchen Kreidestücke lag noch immer in der Ecke. Er nahm eines davon und begann von Neuem auf die glatte Wand zu zeichnen. Aber auch diesmal ließ ihn das Ergebnis höchst unzufrieden. Vielleicht, sagte er sich, lag es an der Wand. Vielleicht konnte er irgendwo eine geeignetere Stelle finden. Obgleich ihn dieser Gedanke selbst nicht überzeugte, steckte er doch alle Kreidestücke in seine Tasche und machte sich auf den Weg.

Nie zuvor hatte er sich aus eigenen Kräften zurechtfinden müssen, und so hatte er sich binnen Kurzem hoffnungslos im Gewirr der Gänge und Abzweigungen verirrt. Der Versuch, die labyrinthische Anordnung der Höhlen zu begreifen, und die ganz ungewohnte Notwendigkeit, an jeder Kreuzung eigene Entscheidungen zu treffen, erschöpften Iwris Kräfte sehr schnell. Todmüde rollte er sich in einer Ecke auf dem Boden zusammen und schlief. Diesmal stellten sich keine Bilder von Fenstern ein, im Gegenteil, es war ihm, als schöben sich Wände von allen Seiten immer dichter an ihn heran, bis er schließlich kein Glied mehr rühren konnte. Schweißgebadet erwachte er.

Als er sich aufrichtete, erblickte er am Ende eines Korridors einige Ordnungswächter, die, wie ihm schien, suchend herumblickten. Einem plötzlichen Impuls folgend floh er vor ihnen. Erst später, als er außer Atem stehen bleiben musste, fragte er sich, warum er das getan hatte, denn vermutlich war er für sie ebenso wenig vorhanden wir für alle anderen. Sicher konnte er dessen allerdings nicht sein.

Was sollte er nun tun? Da er keine Stimme mehr hörte, die ihm Anweisungen gab, musste er sich selbst eine Aufgabe, ein Ziel setzen. Er war ratlos, und es dauerte lange, bis er in sich die Kraft dazu fand. Was ihm zunächst zu schaffen machte, weil es ihm ganz neu war, war seine Einsamkeit. Wie durch eine unsichtbare, aber undurchdringliche Sphäre war er von allen anderen Schatten getrennt. Zum ersten Mal fühlte er die große Traurigkeit und wusste, dass sie ihn nie mehr verlassen würde, ja, dass dies nur der Anfang war, nur ein erstes Vorzeichen dessen, was ihn erwartete. Die Traurigkeit selbst hatte ihn noch gar nicht erreicht, sie war noch weit fort, eine lastende, riesige Finsternis, die sich von ferne langsam heranschob. Sie war auf allen Seiten, es gab kein Entrinnen.

Iwri hatte große Angst davor. Hätte es eine Möglichkeit gegeben, wieder unter die Obhut des Anordners zurückzukehren und vom Schattenvolk aufgenommen zu werden, er hätte vielleicht Gebrauch davon gemacht, nur um nicht mehr allein zu sein. Aber zugleich wusste er, dass er niemals mehr würde aufhören können, nach dem zu suchen, was jenseits der Fenster lag. Es gab also kein Zurück für ihn, dazu war es zu spät. Er musste geschehen lassen, was geschah.

War aber das, was er durch die Fenster gesehen hatte und woran er sich nicht mehr erinnern konnte, kein Hirngespinst, sondern Wirklichkeit, dann gab es – allen Meinungen der Wissenden zum Trotz – außerhalb von Misraim eine Welt oder sogar viele Welten. Aber dann war das ganze unermessliche Katakombensystem nichts als ein Gefängnis, in dem das Schattenvolk aus wer weiß welchem Grund gefangen gehalten wurde. Und Bechmoth, der Große Chef, war nur der Kerkermeister. Das erklärte auch die Härte, mit der er gegen Iwris Versuche, die Fenster zu malen, vorgegangen war. Aber wie war es möglich, dass niemand sonst sich als Gefangener fühlte, dass alle mit ihrem Sklavendasein zufrieden waren?

Auf der Suche nach einem Ausgang irrte Iwri nun während zahlloser Wachphasen, die jetzt ganz unregelmäßig bei ihm verliefen, durch die Labyrinthe von Misraim. Immer auch zugleich auf der Flucht vor möglichen Verfolgern wagte er es nicht, an einem Ort zu verweilen. Zu der immer mächtiger werdenden Angst und Traurigkeit gesellte sich nun auch noch die Empfindung, lebendig begraben zu sein, in der Enge ersticken zu müssen. Bisweilen verfiel er in Zustände der Panik, die sich bis zu unerträglichen körperlichen Schmerzen steigerten.

Dann begann er zu rennen, bis er vor Erschöpfung zusammenbrach, oder kroch auf allen vieren, oder er tastete sich Schrittchen für Schrittchen wie ein Blinder seines Weges. Dabei gelangte er in immer neue Teile des Labyrinthes, von deren Existenz er bis dahin nichts geahnt hatte. Er kam in Höhlen, die so riesenhaft waren, dass ganze Städte mit vielstöckigen Häusern darin Platz fanden. Er stieg über Stufengewirre aufwärts und abwärts und wieder aufwärts, weil die Treppen immer eine in die andere mündeten oder im Leeren endeten. Er zwängte sich durch Stollen, die so eng und niedrig waren, dass man sie nur auf dem Bauch kriechend durchqueren konnte. Er taumelte und rollte schräge Flächen hinunter und klomm in schmalen Kaminen aufwärts. Aber nirgends fand er einen Ausgang aus Misraim, niemals deutete eine Stelle darauf hin, dass er an ein Ende der Katakomben gelangt sei. Dagegen geschah es ihm oft, dass ein Ort ihm den Eindruck vermittelte, er sei vorzeiten schon einmal hier gewesen und nun zurückgekehrt, aber ganz sicher war er sich nie. Die Nahrung stahl er, was nicht weiter schwierig war, da er nach wie vor von niemandem beachtet wurde, und er schlief, wo und wann es sich gerade ergab.

Auf all diesen Wegen trug er seine Kreidestückchen mit sich und hütete sie wie seinen kostbarsten Schatz, denn er wusste, dass er keine neuen mehr bekommen würde. Wo auch immer eine Stelle ihm geeignet schien, malte er seine Fenster. Natürlich schmolz sein Vorrat dadurch mehr und mehr zusammen, deshalb wuchs die Sorgfalt, mit der er sich von Mal zu Mal gründlicher vorbereitete, ehe er ans Werk ging, um nur ja keinen Strich zu vergeuden. Aber ebenso hartnäckig, wie er seine Versuche wiederholte, ebenso regelmäßig wurden sie unmittelbar nachher wieder entfernt. Obwohl das sein Tun sinnlos machte, bestätigte ihn gerade die Eile, mit der es geschah, in der Überzeugung, dass seine Arbeit, trotz all ihrer Unzulänglichkeit, für Bechmoth oder für das ganze Kerkersystem eine Gefahr darstellte. Er klammerte sich an die Idee, dass alles anders werden würde – was auch immer das bedeuten mochte –, wenn es ihm doch noch gelänge, das darzustellen, was er vor langer Zeit jenseits der Fenster erblickt hatte. Aber er konnte es nicht finden, auch in seinen Schlafphasen stellte es sich nicht mehr ein. Im Grunde malte er nur noch die Erinnerung einer Erinnerung, die ihm selbst immer unwahrscheinlicher vorkam, und seine Fenster blieben leer. Die Verzweiflung darüber war das Schlimmste von allem. Die Wirklichkeit von Misraim, an die das Schattenvolk glaubte, war ihm unwiderruflich abhandengekommen, und die andere, um derentwillen er ausgestoßen war, konnte er nicht finden. Es gab keine Erlösung für ihn, nicht nach dieser noch nach jener Seite.

Irgendwann kam dann der Augenblick, da er bei einem letzten Versuch sein letztes kümmerliches Kreidestück verbraucht hatte, und wieder war es vergebens gewesen. Damit war für ihn alles zu Ende. Die große Traurigkeit hatte ihn nun erreicht und begrub ihn unter sich wie ein Berg. Er verschaffte sich einen Strick und erhängte sich.

Als er wieder zu sich kam, hatte man ihm Handschellen angelegt. Zwei Ordnungswächter standen über ihn gebeugt und redeten streng auf ihn ein. Er verstand nicht, was sie sagten, nur dass sie zufrieden seien, ihm nun endlich das Handwerk zu legen. Dann zogen sie ihn hoch und führten ihn ab. Er wehrte sich nicht.

Sie brachten ihn in eine kleine, niedrige Einzelzelle, dort blieb er lange Zeit sich selbst überlassen. Er schlief viel, oder besser gesagt, er hielt sich absichtlich in einem Zustand dämmernden Halbbewusstseins, weil jeder Augenblick des Wachens unerträgliche Qual bedeutete. Er vermied es, darüber nachzudenken, was man mit ihm vorhatte, ob er irgendwann wegen seiner Fenstermalerei verurteilt werden würde oder ob man ihn ganz einfach vergessen hatte. Nahrung wurde ihm allerdings von unsichtbarer Hand regelmäßig hereingeschoben. Mit dem Stiel seines Löffels versuchte er die Umrisse von Fenstern in die Wände seiner Zelle zu kratzen, doch die Wände waren zu hart und zeigten keine Spuren seiner Mühen.

Er lag zusammengerollt in einer Ecke und hatte das Gesicht zur Wand gedreht, als ein leises Geräusch an seiner Zellentür ihn aufhorchen ließ. Er regte sich nicht. Eine Hand fasste seine Schulter und schüttelte ihn sanft.

»Wach auf«, sagte jemand, »komm mit, aber sei leise.«

Iwri drehte sich langsam um und sah zwei Schatten, einen jungen Mann und ein Mädchen. »Was wollt ihr?«, fragte er und hörte dabei seine eigene Stimme kaum. »Wer seid ihr?«

»Freunde«, antwortete das Mädchen. »Wir holen dich hier heraus.«

»Freunde …«, wiederholte Iwri mühsam. »Was soll das heißen?«

Die beiden versuchten ihn aufzurichten. »Komm schon. Es bleibt wenig Zeit.«

Iwri sträubte sich. »Das ist ein Irrtum«, krächzte er, »ihr meint jemand anders.«

»Nein, nein«, flüsterte der junge Mann hastig, »wir erklären dir alles später, dann kannst du fragen, so viel du willst. Aber mach schnell.«

Iwri ließ sich von ihnen hinausführen, erst durch einen niedrigen Korridor mit mehreren Zellentüren, dann durch einen Raum, wo Schlüssel an den Wänden hingen. In der Ecke saßen zwei Ordnungswächter an einem Tisch, beide das Gesicht auf die Arme gelegt, und schnarchten leise. Die Entführer eilten mit ihm in einen hochgewölbten Tunnel hinaus, wo reger Verkehr herrschte. Sie nahmen ihn in die Mitte.

»Falls uns jemand anhält«, raunte das Mädchen, »überlass uns das Reden.«

Tatsächlich mussten sie am Ende des Tunnels nochmals durch eine Kontrolle.

»Krankentransport«, erklärte der junge Mann. »Es ist dringend. Hier sind die Anordnungen.«

Der Wächter überflog das Papier und sagte: »Weitergehen.«

Über verwirrende Wege erreichten sie schließlich eine Wendeltreppe, die mehrere Hundert Stufen in einem Schacht aufwärts führte und zuletzt in einem Saal voller Gerümpel mündete, offenbar ein Magazin für unbrauchbar gewordene Maschinen aller Art.

Die beiden versicherten sich, dass niemand ihnen gefolgt war, dann schoben sie einige verrostete Blechplatten beiseite, dahinter wurde in der Wand eine Vertiefung sichtbar. Sie klopften mehrmals in einem komplizierten Rhythmus gegen bestimmte Stellen, die Rückwand der Vertiefung glitt beiseite, und sie schlüpften hindurch. Hinter ihnen schloss sich die Mauer wieder.

»Jetzt«, sagte das junge Mädchen, »kannst du fragen. Jetzt sind wir auf unserer Seite.«

»Auf unserer Seite …«, wiederholte Iwri, »auf welcher Seite?«

»Außerhalb von Bechmoths Reich.«

Iwri blieb stehen und blickte verwirrt umher. »Außerhalb …«, murmelte er mehrmals vor sich hin. »Außerhalb … also doch … aber … wer seid ihr?«

»Bechmoths Feinde. Genügt dir das nicht?«

»Doch«, stammelte Iwri, »das heißt, nein. Es genügt mir nicht.«

»Hörst du, es genügt ihm nicht«, sagte der junge Mann. »Erkläre es ihm.«

Sie lächelte. »Herrn Bechmoths Rechnung wird nicht aufgehen, niemals. Weil wir dafür sorgen.«

»Seid ihr viele?«

Das Mädchen seufzte. »Leider nicht.« Und der junge Mann fügte hinzu: »Jedenfalls nicht genug.«

»Und ich – was habt ihr mit mir vor?«

»Na, du gehörst doch zu uns, oder nicht?«

»Wir brauchen dringend solche wie dich.«

»Wozu braucht ihr mich?«

»Das wirst du von Madam selbst erfahren.«

»Sie legt großen Wert auf deine Mitarbeit.«

»Madam? Wer ist das?«

»Die Ärztin. Frau Dr. Lewjothan – hast du noch nie von ihr gehört?«

»Sie ist es, der du deine Rettung verdankst. Sie hat uns geschickt.«

Iwri blieb abermals stehen. »Meint ihr etwa die – eh – die Trösterin?«

»Ja, ich glaube, so nennt man sie im Schattenvolk.«

»Aber komm jetzt weiter. Lass sie nicht warten.«

»Heißt das – es gibt sie wirklich?«

Iwri hatte wohl hin und wieder aus Gesprächsfetzen und Andeutungen von einem Gerücht gehört, demzufolge eine geheime Gruppe existiere, die auf irgendeine nicht genauer bekannte Art gegen den Chef und sein System kämpfe und von einer Ärztin, eben jener »Trösterin«, angeführt werde. Es schien nicht geboten, darüber zu sprechen. Iwri hatte den wenigen Andeutungen keinen Glauben geschenkt und sie deshalb bald wieder vergessen. Hastig fragte er: »Sie will mich sehen? Warum?«

»Vielleicht wegen deiner Fenstermalerei.«

»Weiß sie denn davon?«

»O ja, mein Lieber. Sie weiß viel, in mancher Hinsicht mehr als Bechmoth. Das ist auch nötig, sonst wären wir bald erledigt.«

»Aber meine Fenster ...«, stammelte Iwri, »sie sind ja nie fertig geworden. Sie waren immer unvollständig. Das Wichtigste fehlte.«

»Darum geht es nicht.«

»Aber worum geht es denn?«

»Vielleicht darum«, sagte der junge Mann, »dass du immun bist.«

»Ich bin was?«

»Hör mal«, wandte sich das Mädchen an ihren Partner, »ich fürchte, du redest zu viel.«

»Möglich«, antwortete der, »ich überlasse das besser Madam Lewjothan.«

Der Gang, durch den sie gekommen waren, öffnete sich plötzlich, und sie traten auf eine Rampe hinaus. Der Blick, der sich von hier aus bot, war im ersten Augenblick überwältigend für Iwri. In einer Höhle von gewaltigen Ausmaßen breitete sich vor seinen Augen eine Anlage von gläsernen Gewächshäusern aus wie eine lichterglänzende Stadt. Jedes war von innen erleuchtet und glomm in einem eigentümlichen, rosigvioletten Licht. In der Mitte dieser weit hingebreiteten Anlage erhob sich ein Kristallpalast, der von einem schmalen, ebenfalls gläsernen Turm überragt wurde.

»Dort oben«, hörte Iwri die Stimme des Mädchens nahe an seinem Ohr, »erwartet sie dich. Du wirst den Weg schon allein finden, er ist kaum zu verfehlen. Wir können dich jetzt nicht weiter begleiten.«

»Danke«, sagte Iwri, »wie heißt ihr beiden eigentlich?« Er wandte sich nach seinen Begleitern um, aber sie waren schon fort.

Er stieg von der Rampe herunter und trat in das nächstliegende Gewächshaus ein. Feuchtheiße Luft schlug ihm entgegen und nahm ihm fast den Atem. Es roch süßlich und betäubend nach Verwesung. Iwri musste einen Brechreiz unterdrücken. In schwarzen Beeten zur Linken und zur Rechten wuchsen chaotisch durcheinander große Pilze, deren fahle, fleischige Formen wie organische Knorpel aussahen. Schleimige Fäden hingen zwischen ihnen.

Während er weiterging, von einem Gewächshaus ins andere, immer auf den Glaspalast zu, dessen Turm von überallher zu sehen war, fiel ihm auf, dass die Heizungsrohre, die an den Seitenwänden entlangliefen, an vielen Stellen schadhaft waren, rostzerfressen, verkrustet, da und dort aufgeplatzt. Ebenso verhielt es sich mit den Sprenkelanlagen, die an den Rändern der schwarzen Beete angebracht waren und für die Bewässerung der Pilze sorgen sollten. Überall tropfte und zischte es. Das ganze System schien altersschwach und verkommen. Auch die Lichtquellen, von denen der rosigviolette Schein ausging, hatten verbeulte Blechschirme, hingen schief und krumm oder waren da und dort ganz ausgefallen. An solchen dunkleren Stellen wuchsen keine Pilze.

Schließlich hatte Iwri den Glaspalast im Zentrum erreicht. Bisher war er niemandem begegnet. Stockwerk für Stockwerk stieg er in den Turm hinauf und hörte nichts als seinen eigenen Atem und das Kling-Klong seiner Schritte auf den Glasplatten des Bodens. Der höchste Raum war achteckig, von hier aus konnte man nach allen Seiten hin, wie von einem Wachturm aus, die Gewächshäuser überblicken. Hoch über allem, in der dämmernden Beleuchtung nur schwach erkennbar, wölbte sich die Decke der

Riesenhöhle wie ein schwerer, wolkenverhangener Himmel.

»Da bist du endlich«, sagte eine tiefe, eigentümlich verschleierte Frauenstimme plötzlich, »das ist gut.«

Iwri drehte sich erschrocken um. Auf der anderen Seite des achteckigen Raumes stand eine sehr hohe, schlanke Gestalt in einem weißen, langen Kittel. Ihr Gesicht war nur undeutlich zu sehen, da ein Schatten über ihm lag.

»Frau Doktor Lewjothan?«, fragte er stockend.

Die Gestalt nickte. »Komm ein bisschen näher. Ich sehe nicht mehr so gut.«

Er machte ein paar Schritte auf sie zu, sie hob die Hand. »Bleib stehen. Das genügt.«

Iwri stand jetzt mitten im Raum, er fühlte sich verlegen. Eine Weile war es still, sie betrachteten sich gegenseitig.

Die Dame war über einen Kopf größer als er. Ihr schmales, bleiches Gesicht war fein geschnitten, wirkte aber trotzdem streng, ja geradezu hart. Es war schwer auszumachen, ob es sich um das eines frauenhaften Jünglings oder einer jünglingshaften Frau handelte. Irgendwie waren beide Geschlechter darin enthalten. Ihre dunklen, leicht schräg gestellten Augen ruhten auf ihm, ohne zu blinzeln. Er fühlte eine hypnotische Kraft, die von diesem Blick auf ihn ausging, ohne dass er ein Bedürfnis empfand, sich dagegen zu wehren. Ihr kupferfarbenes Haar war kurz, fast männlich geschnitten. Um ihre Lippen spielte der Anflug eines Lächelns, das jedoch nicht ihm galt, sondern ständig und allgemein zu sein schien. Doch wirkte es nicht heiter, im Gegenteil, es verlieh ihr eine unerklärliche Aura von Tragik, die ihm jede weitere Annäherung verwehrte. Er senkte seinen Blick.

»Deine Fenster«, hörte er ihre Stimme sagen, »haben uns in Gefahr gebracht.«

»Meine Fenster? Wie meinen Sie das?«

»Ich fürchte, mein kleiner Schatten, du bist ein Künstler. Ich will damit sagen, du verstehst deine eigenen Ideen nicht. Ja, deine Fenster. Uns war von Anfang an klar, was du damit meintest. Es waren unsere Glashäuser, die du unbewusst darstelltest. Aber nun weißt du es, es gibt wohl auch für dich keinen Zweifel mehr, nicht wahr? Und du weißt jetzt auch, was dir bislang noch immer fehlte: das, was man durch diese Fenster sieht. Du konntest es nicht darstellen, weil du dich davor entsetzt hast. Schockiert dich diese Erkenntnis?«

»Ich weiß nicht«, antwortete er unsicher, »ob es das war …«

Sie lachte tonlos. »Erstaunlich, wie sehr sich gerade das Schöpferische in jedem von uns wehrt, sich seiner eigenen Beweggründe bewusst zu werden. Nur ein bisschen Mut, kleiner Schatten! Wenn du deine eigenen geheimen Sehnsüchte akzeptierst, wirst du dich wesentlich wohler fühlen, das versichere ich dir.«

»Vielleicht haben Sie ja recht …«, murmelte er.

»Oh, ich bin da ganz sicher, aber du musst natürlich aus eigener Einsicht dazu kommen. Ich will nicht, dass du mir nach dem Mund redest. Das hilft uns beiden nicht. Und gerade deine Hilfe ist es – deine freiwillige natürlich –, die ich dringend brauche.«

»Meine Hilfe?«, fragte Iwri. »Was wollen Sie von mir?«

Sie löste ihren Blick von ihm und ließ ihn über das Panorama der glimmenden Gewächshäuser schweifen. »Du hast ja wohl selbst auf deinem Weg hierher gesehen, in welch desolatem Zustand sich unsere Anlagen befinden. Wir haben niemand, der geeignet ist, sie instand zu halten. Aber ohne sie ist unsere Arbeit nicht möglich.«

»Diese Pilze – was ist das?«, fragte er.

Sie wandte sich ihm wieder zu und lachte auf ihre eigentümlich tonlose Art. »Du hast dich also vor ihnen entsetzt, nicht wahr? Ja, ich gebe zu, sie sehen ziemlich ekelhaft aus. Aber sie sind unser größter Schatz. Aus ihnen gewinnen wir unser Medikament, GUL, unsere stärkste Waffe im Kampf gegen Bechmoth. GUL bedeutet nur die chemische Formel …«

Sie begann, ihm die Formel zu erklären, doch er verstand nicht, was sie sagte.

»Es sind die Sporen«, schloss sie, »aus denen wir das Medikament extrahieren. Aber darum brauchst du dich nicht zu kümmern. Die Pflege und Verarbeitung der Pilzkulturen wird von anderen besorgt. Deine Aufgabe wäre nur die Instandhaltung der Anlage.«

»Für wen ist dieses Medikament«, wollte er wissen, »und was bewirkt es?«

»O verzeih, ich vergaß. Das kannst du natürlich nicht wissen, gerade du nicht. Deswegen bist du ja hier. Auf dich wirkt es nicht, oder es hat seine Wirkung verloren – warum wissen wir nicht.«

Sie machte eine Pause und dachte nach.

»Im Grunde«, fuhr sie endlich fort, wobei sie begann, an der Fensterwand entlangzugehen, sodass Iwri sich mitdrehen musste, »im Grunde zielt Bechmoths ganzes ausgeklügeltes System nur auf einen einzigen Zweck ab: Seine Opfer leiden zu lassen. Du, mein Kleiner, hast ja zu fühlen bekommen, was das heißt. Warum er das will? Nun, ich denke, der Hunger nach vollkommener Macht ist selbst eine Art Schmerz, der sich nur am Leiden anderer kühlen kann. Vielleicht verschafft ihm die Qual, die er zufügt, eine gewisse Linderung. Aber letzten Endes ist das für uns irrelevant. Nicht Bechmoth ist es, der Hilfe braucht, sondern seine Opfer. Ich bin Ärztin, wie du weißt, und mein Berufsethos schreibt mir vor, Leidenden zu helfen. O, ich weiß, man kann darüber endlos diskutieren, aber schließlich läuft doch alles auf eine sehr einfache Wahrheit hinaus: Gut ist, was Leiden lindert oder verhindert; böse ist alles, was Leiden verursacht oder vermehrt. Nun, mit GUL, unserem Medikament, verhindern wir bei den meisten, dass sie überhaupt zu leiden anfangen. Und wo es doch schon begonnen hat, können wir es so weit reduzieren, dass es für den Betreffenden selbst unter die Wahrnehmungsschwelle sinkt. Und Leiden, das nicht empfunden wird, ist eben keines. Man könnte sagen, GUL ist eine Art Anästhetikum, ein Betäubungsmittel, das speziell gegen die Foltermethoden Bechmoths unempfindlich macht, aber alle anderen Funktionen unbeeinträchtigt lässt. Bei den meisten Patienten genügt schon eine äußerst geringe Menge, die wir ihnen ohne ihr Wissen in der Nahrung verabfolgen. In schwierigeren Fällen müssen wir eine größere Dosis injizieren. In sehr seltenen Fällen scheint es allerdings so etwas wie eine angeborene oder erworbene Resistenz gegen unser Heilmittel zu geben – so wie es bei dir offenbar der Fall ist, mein kleiner Schatten. Wir können das nur konstatieren, der Grund dafür ist uns bislang unbekannt. Du hast davon offenbar nichts bemerkt, aber wir haben dir während etlicher Schlafphasen Injektionen mit hoch konzentriertem GUL verabfolgt, ohne dass es irgendeine Wirkung gebracht hätte. Wir mussten das tun, um dich davon abzubringen, weiterhin deine Fenster zu malen, denn Bechmoth ist ohnehin schon argwöhnisch, und du hättest ihn auf eine Spur bringen können. Dann wurde uns klar, dass du gerade wegen deiner besonderen Konstitution die geeignete Person bist, unsere Glashäuser zu besorgen …«

»Warum?«, fragte Iwri, »warum gerade ich?« Das ständige Drehen hatte ihn ein wenig schwindelig gemacht, außerdem fühlte er sich müde und schläfrig und konnte der monotonen Stimme der Trösterin nur mit Mühe folgen.

»Nun, das liegt doch wohl auf der Hand«, hörte er sie sagen, und zum ersten Mal schwang eine leise Ungeduld mit. »Hör mir gut zu, mein Kleiner, du solltest dich nicht begriffsstutzig stellen. Ich habe wenig Zeit, ich bin sehr beschäftigt. Also frage nicht, was du sowieso schon verstanden hast. Und außerdem denke ich, wir sollten uns gegenseitig vertrauen, wir stehen doch auf der gleichen Seite …«

Iwri nickte erschöpft. Er hatte noch eine Menge Fragen, aber es fiel ihm keine mehr ein. Er setzte sich auf den Boden nieder und stützte den Kopf in die Hand. Eine unwiderstehliche Müdigkeit überkam ihn. Eine Weile noch hörte er wie aus immer weiterer Ferne die Stimme, die auf ihn einredete, dann versank er in Schlaf.

Als er erwachte, war er allein in dem achteckigen Raum. Er fühlte sich benommen und leer, auf irgendeine undeutliche Art ausgesaugt, doch war die Pein, die er seit so langer Zeit in den Katakomben ertragen hatte, ganz und gar verschwunden. Das allein schon stimmte ihn dankbar.

Niemand war da, den er hätte fragen können, was er nun tun sollte. Also machte er sich auf die Suche, durchforschte den ganzen Glaspalast und fand endlich im Keller so etwas wie eine Werkstatt, oder jedenfalls schien es vor langer Zeit eine solche gewesen zu sein. Die herumliegenden Werkzeuge waren größtenteils in so verkommenem Zustand, dass sie kaum noch zu gebrauchen waren, doch ein paar davon ließen sich notdürftig wieder herrichten. Hier fand er auch eine Liege mit ein paar zerrissenen, staubigen Decken, ein wenig Geschirr und einen Löffel. So beschloss er, diesen Raum zu seiner künftigen Wohnung zu machen.

In anderen Kellern nebenan entdeckte er eine Menge Kisten mit Ersatzteilen verschiedenster Art für die Treibhausanlagen – Heizungsrohre, Pumpen, Lampen, Drähte, Kabel und vieles andere mehr. Unverzüglich machte er sich an die Arbeit.

In den ersten Zeiten, die nun folgten, ging er nach einem bestimmten Plan vor. Er nahm zunächst die schwersten Schäden derjenigen Treibhäuser in Angriff, die dem Glaspalast am nächsten lagen, weil er annahm, dass sich hier irgendwo die Mitte des ganzen Systems befände, etwa eine große Hauptfeuerung, von der aus das verzweigte Röhrennetz mit Dampf oder Heißwasser versorgt würde, oder ein Schaltwerk für die Beleuchtungsanlagen. Er aber konnte nichts dergleichen finden, nicht jetzt und auch nicht in der folgenden Zeit. Offenbar gab es ein solches Zentrum nicht.

Später ließ er dann jeden Plan fallen und arbeitete, wo es sich gerade ergab. Sein anfänglicher Eifer verwandelte sich in eine sture Verbissenheit. Da er die grundsätzliche Anordnung der ganzen Anlage vergeblich zu begreifen versuchte, blieb ihm nichts anderes übrig, als eben zu flicken, wo es etwas zu flicken gab, mal hier, mal dort. Das wiederum hatte zur Folge, dass seine Reparaturen nach kürzerer oder längerer Dauer schon wieder hinfällig wurden. Wenn er an einem Ende fertig war, zeigten sich am anderen schon wieder die alten oder ganz neue Schäden. Die Arbeit in der feuchten Hitze und dem Miasmagestank der Pilze war schwer und schweißtreibend. Oft sank er nach vielen Stunden angestrengtester Mühen keuchend und halb erstickt zu Boden. Am meisten aber erschöpfte ihn doch die Aussichtslosigkeit dieses immerwährenden Kampfes gegen den Verfall, eines Kampfes, der niemals, noch nicht einmal für wenige Stunden, zu gewinnen war.

Dennoch gab er nicht auf, da er ja wusste, dass niemand außer ihm diese Arbeit verrichten konnte und dass sie die Voraussetzung für die einzige Hilfe bildete, die dem Schattenvolk in seinem Elend zuteilwerden konnte. Mochte seine Mühe auch unabsehbar sein, so war sie doch nicht sinnlos. Dieser Gedanke hielt ihn aufrecht.

In all der Zeit sah er die Ärztin nicht wieder, er begegnete auch niemals einem ihrer Mitarbeiter, obgleich er feststellen konnte, dass die Pilze verschiedentlich abgeerntet worden waren. Offensichtlich geschah das immer dort, wo er sich gerade nicht aufhielt. Auch fand er stets, wenn er zu seinem Kellerraum zurückkehrte, Nahrung vor, die man ihm hingestellt hatte. Von Zeit zu Zeit kamen sogar neue Kisten mit Ersatzteilen an, wie und woher, wusste er nicht. Es blieb ihm auch kaum Kraft, über derlei nachzudenken. Für gewöhnlich fiel er, kaum dass er gegessen hatte, auf sein Lager und schlief wie ein Toter. An seine Fenster dachte er nicht mehr, er war ja nun von Fenstern umgeben …

Lange Zeit schon hatte er diese einsame Arbeit verrichtet, als er ganz unerwartet doch noch jemandem begegnete. Es war in einem der Gewächshäuser, die am weitesten entfernt vom Glaspalast ganz am nördlichen Rand der Anlage standen und bis zu denen Iwri bisher noch nie vorgedrungen war. Dort fand er in einer dunklen Ecke einen Haufen Lumpen, den er anfangs nicht weiter beachtete. Erst nach einer Weile wurde ihm bewusst, dass er von dorther in gewissen Abständen geflüsterte Worte hörte:

»Zerstören … alles zerstören … bitte, glaub mir …«

Als Iwri genauer hinsah, entdeckte er, dass der Lumpenhaufen das Lager eines offensichtlich uralten Mannes war, der kaum noch atmete, dessen Körper zum Skelett abgemagert und dessen Gesicht von so unerhörten Leiden gezeichnet war, wie Iwri dies noch bei keinem anderen des Schattenvolkes je gesehen hatte.

Er hob den Alten, der leicht wog wie eine Puppe, hoch und trug ihn auf den Armen in seine Kellerwohnung unter dem Glaspalast. Dort gab er ihm von seiner Nahrung, flößte ihm Löffel für Löffel davon ein und wollte ihn auf seinem eigenen Lager zur Ruhe betten, aber der Alte weigerte sich und klammerte sich an ihm fest. Er zog Iwris Ohr dicht an seinen eingefallenen Mund.

»Ich habe bis jetzt gegen den Tod gekämpft«, flüsterte er, »weil ich hoffte, dass du mich finden würdest. Aber nun bleiben mir nur noch wenige Augenblicke. Du musst mir alles glauben, was ich dir sage, es ist die Wahrheit. Ich bin dein Vorgänger hier in den Treibhäusern. Ich bin sogar der Ingenieur, der die ganze Anlage seinerzeit entworfen hat. Ja, damals habe auch ich geglaubt, richtig zu handeln, so wie du's jetzt wohl glaubst. Aber ich habe die Trösterin durchschaut. Es ist alles Lüge, nichts als Lüge …«

Er bäumte sich auf und Iwri drückte ihn sanft aufs Lager zurück. »Ruh dich jetzt erst mal aus«, sagte er. »Später erzählst du mir alles.«

»Nein«, röchelte der Alte und warf den Kopf hin und her, »es gibt kein später. Ich habe mich all die Zeit versteckt gehalten. Sie würde alles tun, um zu verhindern, dass ich dir die Wahrheit sage. Du wirst gleich verstehen warum, aber unterbrich mich nicht. Ich habe mich nur dafür noch am Leben gehalten, und gleich ist es zu Ende. Hörst du, ich bin mitschuldig an dem, was mit dem Schattenvolk geschieht. Ich muss etwas wiedergutmachen, und du musst es für mich tun. Du darfst hier nichts mehr in Ordnung bringen. Im Gegenteil, du musst alles zerstören, was du finden kannst, jetzt sofort, die Treibhäuser, die verdammten Pilze, alles zerstören, versprich es mir …«

»Warum sollte ich das denn?«, antwortete Iwri verstört. »Die einzige Linderung für die Gefangenen Bechmoths …«

»Alles nicht wahr«, krächzte der Alte. »Hat sie dir erzählt, er sei ihr Feind? Ja, das macht sie alle glauben. Ich hab's auch geglaubt. Aber in Wirklichkeit arbeitet sie mit ihm zusammen. Er braucht sie, er wäre nichts ohne sie … Sie ist seine Bettgenossin. Ich – ich habe sie zusammen gesehen. Ich habe gehört, was sie miteinander geredet haben – über ihre Pläne mit dem Schattenvolk. Ich habe nie etwas Übleres gehört. Als sie's merkten, dass ich sie belauscht hatte, haben sie mich bestraft – frag nicht weiter. Wie du siehst, bin ich ihnen entkommen …«

»Aber ich verstehe nicht«, stammelte Iwri. »Bechmoth hält das Schattenvolk in Misraim gefangen, um an dessen

Qualen seinen brennenden Durst nach Macht zu stillen, und Lewjothan vereitelt seine Absicht, indem sie die Leiden der Gefangenen lindert …«

»O ja«, sagte der Alte, »das tut sie. Aber wie tut sie das? Gibt ihnen diese verfluchte Droge, durch die sie alles vergessen. Ja, sie vergessen, dass sie Gefangene sind, sie vergessen, dass sie nicht immer das Schattenvolk waren, sie vergessen, dass es jenseits der Katakomben von Misraim andere Welten gibt, aus denen sie alle einst kamen; sie vergessen alles Vorher und Nachher, sie vergessen alle Fragen und jede Sehnsucht. O ja, sie sind ruhig und zufrieden mit dem, was ist, denn sie haben keine Erinnerung und keine Möglichkeit zu vergleichen. Sie haben nur noch den Augenblick. Und Sklaven, die nichts kennen als Sklaverei, sind gefügige Sklaven. Gefangene, die nur das Dasein in Gefangenschaft kennen, leiden nicht an ihrer Unfreiheit. Das ist die Art, wie die Trösterin hilft.«

Er fiel auf das Lager zurück und keuchte schwer.

Iwri starrte ihm ins Gesicht und murmelte: »Meine Fenster … meine Fenster … also hatte ich doch recht … es war etwas anderes dahinter …«

»Du und ich«, flüsterte der Alte schwach, »wir gehören zu denen, die nichts vergessen können, ob wir wollen oder nicht. GUL wirkt nicht auf uns. Wir sind die Ausnahmen. Verstehst du jetzt, warum sie uns braucht? Was würden ihr Helfer nützen, die alles vergessen.«

Iwri war jetzt sicher, dass der Alte ihm die Wahrheit sagte. Er wusste es, weil es seine eigene Wahrheit war, die er so lange in sich zum Schweigen verurteilt hatte. Und während sie sich jetzt wieder mit aller Macht vernehmen ließ, fühlte er zugleich in sich einen rasenden Zorn aufsteigen, einen Zorn, der seinen ganzen Körper schmerzen machte.

»Und wenn also das Schattenvolk«, sagte er heiser, »diese verfluchte Droge nicht länger bekäme …«

»Ja«, stieß der Alte kaum hörbar hervor, »sie würden alle anfangen, schrecklich zu leiden, weil sie anfangen würden, sich zu erinnern … Aber nur so finden sie den Weg aus Misraim. Darum musst du sie leiden machen, du musst alles zerstören … Geh, tu's und tu es schnell!«

Der Alte sank in sich zusammen, sein Kopf fiel zur Seite. Er sah plötzlich merkwürdig klein aus. Er war tot.

»Ja«, sagte Iwri mit rauer Stimme, »das will ich. Verlass dich drauf, Freund.«

Er suchte unter den verrotteten Werkzeugen den schwersten Hammer aus, den er finden konnte, und ging hinaus zu den Glashäusern.

Obwohl das Zerstörungswerk schneller vonstattenging als die langwierigen und mühsamen Reparaturarbeiten, nahm es dennoch sehr viel Zeit in Anspruch, denn die gesamte Anlage war riesig und er war allein. Er zerschlug systematisch alle Scheiben, brach die Rohre aus den Wänden, zerstampfte die Pilze, die sich sofort in schleimigen Brei auflösten, und zerschmetterte alle Beleuchtungskörper. Ein Treibhaus ums andere versank in Dunkelheit. Er tobte mit einer Art wilder Besessenheit herum, schrie und lachte dabei, bis er erschöpft niederfiel und eine Weile schlief. Dann raffte er sich von Neuem auf und wütete weiter. Was ihm dabei immer von Neuem Kraft gab – eine Kraft, die er so nie zuvor besessen hatte –, war nicht nur das Bewusstsein, für die Befreiung des Schattenvolkes zu kämpfen, sondern auch sein ganz persönlicher Zorn auf Lewjothan, die heuchlerische Ärztin, die seine Hilflosigkeit und Gutgläubigkeit auf so infame Art ausgenützt hatte. Er wartete eigentlich darauf, dass sie selbst oder doch ihre Leute auftauchen würden, um ihn an der restlosen Zerstörung der Anlagen mit Gewalt zu hindern. Er wünschte einen solchen Kampf geradezu herbei, auch wenn dieser mit seiner eigenen Niederlage enden sollte. Aber nichts dergleichen geschah, er blieb nach wie vor allein. Sollten sie am Ende

Angst vor ihm haben? Ertrugen sie es nicht, durchschaut zu sein? Waren sie vielleicht überhaupt nicht so mächtig, wie er und alle bisher geglaubt hatten?

Irgendwann kam dann der Augenblick, in dem das letzte Treibhaus in Trümmern lag und das letzte Licht erlosch. Es war zu Ende, und er stand in völliger, undurchdringlicher Finsternis. Planlos wie er vorgegangen war, wusste er nun nicht einmal mehr, auf welcher Seite der Riesenhöhle er sich befand und wo die Rampe war, von der aus er einst den ersten Blick über das Meer der glimmenden Lichter geworfen hatte. Er tastete sich vorwärts, unter seinen Sohlen knirschende Glassplitter oder schmatzender Morast. Er versuchte, an den Resten, die seiner Zerstörungswut entgangen waren, irgendeine Richtung zu erraten, doch machte er sich wenig Hoffnung, den Ausgang wiederzufinden. Im Grunde war es ihm nicht einmal sehr wichtig, was nun aus ihm selbst werden würde. Er hatte das Seine getan.

Doch dieses eine Mal wenigstens schien das Glück auf seiner Seite zu stehen. Er fand die Rampe, erklomm sie und tastete sich den Gang entlang bis zu jener geheimen Tür. Sie ließ sich freilich nicht öffnen, da er das Signal nicht mehr erinnerte, aber es gelang ihm ohne große Schwierigkeit, sie mit dem schweren Hammer, den er noch immer mitschleppte, einzuschlagen. Er war wieder in den Katakomben von Misraim.

Er hatte sich nicht gefragt, was eigentlich er zu sehen erwartet hatte, aber der erste Eindruck war für ihn ein Schock der Enttäuschung. Es hatte sich nichts verändert – dieselben endlosen Kolonnen von Schatten, die gehorsam in alle Richtungen durch die labyrinthischen Korridore, über Treppen und Brücken zogen, arbeiteten, Nahrung aufnahmen und in ihren Nischen die Schlafphasen verbrachten wie damals, als er von hier fortgebracht worden war. Alle gehorchten der Stimme des Großen Anordners, die ihnen jede Entscheidung abnahm, und alle schienen damit zufrieden. Aber dann ermahnte Iwri sich selbst zur Geduld, denn es konnte ja das Fehlen von GUL, diesem verdammten Serum des Vergessens, erst nach und nach seine Wirkung tun.

Er musste auch tatsächlich nicht allzu lang warten, bis er die ersten Entzugserscheinungen beobachten konnte. Sie waren sehr viel erschreckender, als er sie sich vorgestellt hatte. Keiner aus dem Schattenvolk war ja daran gewöhnt, auf diese Art zu leiden, und so waren die ersten Reaktionen unverhältnismäßig heftig. Manche warfen sich plötzlich zu Boden, als hätten sie die Fallsucht, schlugen um sich und schrien gellend um Hilfe. Andere rannten in Panik los und schlugen mit den Fäusten oder gar mit den Köpfen gegen die Wände, bis sie zusammenbrachen. Einige setzten sich nieder, wo sie gerade standen, rührten sich nicht mehr und röchelten mit verdrehten Augen wie Erstickende. Die noch nicht so weit waren, sahen in ratlosem Entsetzen zu. Die Fälle mehrten sich von Stunde zu Stunde. Immer weniger wurden es, die noch auf die heisere Stimme des Großen Anordners hörten. Die Szenen, die sich vor Iwris Augen abspielten, waren so jammervoll und erbarmungswürdig, dass er am liebsten alles rückgängig gemacht hätte, wenn es denn noch möglich gewesen wäre. Er kannte all diese Leiden ja nur allzu gut aus eigener Erfahrung und fühlte sich nun mitschuldig daran, obgleich er sich immer wieder sagte, dass in Wahrheit ja nicht er es war, der dieses ganze Unglück verursacht hatte, dass es vielmehr durch ihn nur endlich offenbar geworden und dass dies unabwendbar und letzten Endes notwendig war.

Schließlich brach ein Pandämonium los. Ströme von Tobenden brandeten gegeneinander in besinnungsloser Angst und Verzweiflung, trampelten sich gegenseitig nieder und rannten brüllend und heulend durch alle Tunnel und Hallen des Labyrinths. Wenn das Ganze nicht in einem sinnlosen gegenseitigen Massaker enden sollte, so musste sofort etwas geschehen. Die allgemeine Panik musste in eine gezielte Revolte umgewandelt werden, in einen Kampf gegen den Kerkermeister und in die systematische Suche nach einem Weg, der ins Freie führte.

Nach und nach gelang es Iwri, sich Gehör zu verschaffen. Erst waren es nur wenige, die er so weit beruhigen konnte, dass sie ihm überhaupt zuhörten, doch dann wurden es rasch mehr, denn die Nachricht, dass da einer sei, der Bescheid wisse und helfen könne, flog von Mund zu Mund. Aus Hunderten wurden Tausende, und immer mehr strömten herbei und horchten mit offenen Mündern begierig auf Iwris Worte. Er hatte sich in einer der größten Hallen auf einen Sockel geschwungen und hielt Brandreden, in denen er dem Schattenvolk alles sagte, was er in Erfahrung gebracht hatte, und es dazu aufrief, sich nun gemeinsam zur Wehr zu setzen, die Gewalt mit Gewalt zu brechen und die Machthaber zu zwingen, sie frei zu geben.

Nicht jeder verstand, was er hörte, aber jeder schloss sich ihm an. Sie bewaffneten sich mit allem, was halbwegs geeignet schien, mit Stangen und Rohren und Werkzeugen aller Art, formierten sich in Gruppen, und schließlich setzte sich ein riesiges Heer schattenhafter Gestalten in Marsch durch das endlose Labyrinth. Dabei brüllten sie in Sprechchören: »Bechmoth, zeig dich! Bechmoth, zeig dich!« oder »Deine Zeit ist aus – wir wollen hinaus.«

Zunächst schien alles vergeblich – offenbar bestand der strategische Plan der Direktion darin, die Revolte sich in sich selbst totlaufen zu lassen –, aber dann geschah etwas höchst Unerwartetes, das auch Iwri sich nicht zu erklären wusste. Als ob von außerhalb Misraims auf die Rufe geantwortet würde, gingen anfangs leichte, dann immer heftigere Erschütterungen durch die Wände und Decken der Katakomben wie von Erdbeben, doch kam dabei wunderbarerweise niemand zu Schaden, denn die Mauern stürzten nicht ein, sondern sie verschwanden ganz einfach, lösten sich sozusagen in nichts auf, als habe es sie nie gegeben. Dieser rätselhafte Vorgang war von einem Donnergrollen begleitet, das aus einer unendlichen Ferne zu kommen schien und wie eine große Stimme klang, die rief: Komm! Komm! Komm! Doch natürlich waren es keine Worte, sondern nur das Poltern und Dröhnen der berstenden Wände.

Die Bewegung der Heerzüge war zum Stehen gekommen. Niemand wagte mehr einen Schritt, viele hielten sich gegenseitig umklammert. Und dann geschah es plötzlich – und alle sahen es mit Staunen und Schrecken –, dass am Ende eines lang gestreckten Saales in der Wand der Stirnseite langsam ein riesiger Riss entstand, der sich mehr und mehr weitete. Das Licht, das durch ihn hereinflutete, war so überhell, oder jedenfalls schien es den lichtentwöhnten Augen des Schattenvolkes so, dass alle, die es sahen, sich die Hand vor die Augen hielten oder sich halb abwandten.

»Mir nach!«, rief Iwri. »Dorthin! Das ist der Weg ins Freie.«

Er wollte losstürmen, doch dann hielt er unwillkürlich inne, sodass die hinter ihm Drängenden ihn vorwärts stießen. Im scharfen Gegenlicht sah er vor dem Riss in der Wand zwei Gestalten stehen, hohe Gestalten, größer als jeder im Schattenvolk. Sie standen ruhig und abwartend da, offensichtlich entschlossen, nicht von der Stelle zu weichen. Da man sie nur als schwarze Silhouetten sehen konnte, waren ihre Gesichter nicht zu erkennen, aber Iwri war sicher, dass es sich bei der einen um Lewjothan, die Ärztin, handelte. Die andere Gestalt war noch etwas größer, dennoch wirkte ihre Haltung merkwürdig gebückt wie die eines Buckligen. Es schien sich um einen uralten, riesigen Greis zu handeln. Sein dreieckiger Schädel war von spiegelnder, metallischer Kahlheit, und seine Gliedmaßen wirkten wie in einem unaufhörlichen Krampf verrenkt und verkrümmt. Sein ganzer Körper sah aus, als bestünde er aus grauem Blei.

Iwri nahm seine ganze Kraft zusammen. Er trat einige Schritte auf die beiden zu und schrie sie an: »Geht weg! Macht uns Platz! Ihr habt kein Recht, uns aufzuhalten.«

Die Menge hinter ihm nahm die Rufe auf und drängte vorwärts.

Der Bleierne hob eine Hand. Es wurde still.

»Nein!«, rief Iwri, noch ehe jener etwas sagen konnte. »Hört ihm nicht zu! Sie werden beide lügen.«

»Ich werde nicht lügen«, sagte der Bleierne, und jeder im Schattenvolk erkannte diese beschwörende, heisere Stimme wieder. »Ich werde euch die Wahrheit sagen. Wollt ihr sie hören?«

»Nein!«, schrie Iwri. »Schweigt beide! Und verschwindet!«

Aber in der Menge wurden einzelne Rufe laut: »Doch, er soll reden …« – »Wir wollen hören, was die zu sagen haben.« – »Er soll sich vor uns rechtfertigen.« – »Wir lassen uns sowieso nicht aufhalten.«

»Niemand«, sagte der Bleierne langsam, »hat die Absicht, euch aufzuhalten. Wir haben es bisher nicht versucht, und wir werden es auch jetzt nicht tun.«

»Das ist richtig«, riefen einige dazwischen, »er hat sich bisher nicht mal gezeigt. Warum nicht? Hatte der Große Anordner etwa Angst?«

Höhnisches Gemurmel war zu hören.

»Nein, keine Angst«, antwortete Bechmoth. »Warum auch? Ihr könnt tun, was ihr tun wollt, wie ihr es immer getan habt. Wer dort hinaus will, der soll gehen, niemand wird ihn zurückhalten. Es ist eines jeden Entscheidung, und wir respektieren sie.«

»Jetzt auf einmal?«, warf einer ein. »Warum so plötzlich und warum nicht schon früher?«

»Es war immer euer eigener Wille, den wir ausgeführt haben«, sagte Bechmoth. »Nur wisst ihr es nicht. Ich fürchte, es liegt ein großes Missverständnis zwischen euch und uns vor. Ich würde es gerne aufklären. Schenkt mir ein paar Minuten eure Aufmerksamkeit. Danach könnt ihr selbst entscheiden, was euch gut und richtig erscheint.«

»Wir haben schon entschieden«, rief Iwri. »Wozu noch das Gerede!«

»Worauf will er hinaus?«, schrien andere. »Er soll das erklären!«

Die Menge war erregt, eine gewisse Unsicherheit machte sich breit. Da und dort fingen Einzelne an, sich mit anderen zu streiten. Es dauerte eine Weile, ehe wieder Ruhe eintrat. Schließlich begann Bechmoth zu reden, mit müder, gebrochener Stimme anfangs, dann aber schien er nach und nach Kraft zu gewinnen.

»Ich weiß, ihr hasst mich jetzt, denn man hat euch eingeredet, ich sei es, der euch gefangen gehalten hat, um an euren Leiden meine Gier nach Macht zu sättigen. War es nicht so? Man hat euch gesagt, dieses ganze unendliche Katakombensystem, die Welt von Misraim, sei nichts als ein riesiger Kerker, in dem ihr schmachtet, und ich sei der Direktor dieses Gefängnisses, der danach trachtet, euch alle in völliger Sklaverei zu halten. Ist das nicht eure Meinung? – Aber ich frage euch – und seid bitte wahrhaftig euch selbst gegenüber –, wer von euch hat denn je unter mir gelitten? Wer hat denn geschmachtet unter meinem Joch? Wart ihr nicht alle zufrieden mit eurem Dasein, als die Dinge noch ihre alte Ordnung hatten? Haben wir nicht für euer Wohlergehen gesorgt? Sagt mir doch – aber seid ehrlich –, wer von euch hat sich denn als Gefangener gefühlt und war unglücklich darüber?«

»Ich!«, schrie Iwri.

Der Bleierne streckte langsam die Hand aus und zeigte auf ihn.

»Dieser eine«, sagte er, »ein Einziger also unter euch allen. Er ist anders als ihr, er ist ein Sonderfall, er gehört nicht zu euch.«

»Aber jetzt«, riefen mehrere Stimmen dazwischen, »jetzt fühlen wir alle wie er. Vorher waren wir blind, wir wussten nicht, was mit uns geschieht, er hat uns erst die Augen geöffnet. Jetzt wissen wir, was ihr mit uns gemacht habt.«

Nun meldete sich zum ersten Mal die Trösterin zu Wort: »Wisst ihr das? Wisst ihr das wirklich? Ihr wisst nur, was dieser eine da euch gesagt hat. Aber hat er euch denn alles gesagt? Hat er euch gesagt, dass er allein es war, der das Leiden über euch alle gebracht hat? Er hat die Anlagen zerstört, in denen wir das Medikament gewonnen haben, das euch bisher alles Leiden erspart hat. Er allein trägt die Verantwortung dafür, dass nun keines mehr zur Verfügung steht. Und hat er euch etwa gefragt, ob ihr darauf verzichten wollt oder nicht?«

»Wie hätte ich sie denn vorher fragen können?«, wollte Iwri rufen. »Sie hätten mich nicht einmal verstanden.« Aber er kam nicht dazu.

»Er hat einfach für euch alle entschieden«, fuhr die Ärztin fort, »aber hat er euch auch gesagt, warum er's tat? Weil auf ihn das Serum keine Wirkung hat, ihm allein unter euch allen hilft es nicht. Darum hat er beschlossen, euch alle krank zu machen, damit ihr sein Leiden teilt, damit ihr seinen Willen tut, denn er allein hätte niemals diesen Weg aus den Katakomben von Misraim eröffnen können. Und nun sagt mir, wer hat euch benützt, wer hat euch zu seinem Werkzeug gemacht, dieser da, der euch all die Schmerzen, die Angst, die Verzweiflung zumutet, um so seine eigenen Ziele zu verfolgen, oder wir, die wir alles getan haben, um euch davor zu bewahren?«

Das Schattenvolk war verwirrt. Zweifelnde, misstrauische, auch schon hasserfüllte Gesichter wandten sich Iwri zu.

»Hört mich an!«, schrie er ihnen zu. »Wir haben gemeinsam diesen Weg ins Freie gefunden und wir werden gemeinsam der Gefangenschaft entrinnen. Denn dass diese beiden uns gefangen gehalten haben, das steht doch nun fest, und ebenso, dass wir alle hinaus wollen.«

Wieder nahm jetzt der Bleierne das Wort:

»Er sagt, ihr wollt dort hinaus. Aber wisst ihr denn, was euch dort draußen erwartet? Diese Welt ist für euch nicht bewohnbar. Das erbarmungslose Licht allein schon wird euch in Stücke reißen. Ihr werdet nicht wissen, wo oben und unten ist. Ihr findet dort nichts, woran ihr euch halten könnt. Eine große Leere wird euch verschlingen. Jeden Atemzug und jeden Herzschlag müsst ihr aus eigener Kraft beschließen, und jede Entscheidung bindet euch für immer und ewig. Noch einmal sag ich's euch: Diese Welt ist für euch nicht bewohnbar. Darum ist das Schattenvolk einstmals vor ihr heruntergeflohen und hat uns um Zuflucht gebeten vor jenem unerträglichen Licht. Zu keinem Zeitpunkt haben wir euch gefangen gehalten, nein, euer eigener Wille war es, dem wir gehorcht haben. Nicht ihr habt uns gedient, meine Freunde, sondern wir euch. Wir haben mit euch und für euch die Katakombenwelt von Misraim geschaffen, und wir haben sie euch so bequem wie möglich gemacht. Nun wollt ihr das alles zerstören, wegen dieses einen hier, der anders ist als ihr. Aber besinnt euch! Noch ist es nicht zu spät. Wenn ihr wollt, kann der Wiederaufbau noch in dieser Stunde beginnen. Alles kann werden wie vorher. Entscheidet euch jetzt! Geht mit ihm hinaus und in euer eigenes Verderben – oder entledigt euch seiner für immer, indem ihr ihn ausstoßt, damit diese klaffende Wunde, die unsere Welt erlitten hat, sich wieder schließen und heilen kann.«

Iwri wollte antworten, er wollte den anderen zurufen, dass nicht wahr sein könne, was Bechmoth gesagt hatte, weil dort draußen schließlich die Welt sei, aus der sie alle stammten – aber einen Augenblick lang zögerte er, denn er war selbst unsicher geworden.

Es herrschte tiefe Stille. Alle hatten die Gesichter von dem überhellen Licht abgewendet. Die Stangen und Rohre in ihren Händen senkten sich gegen Iwri. Ohne ihn anzuschauen, stießen sie ihn vor sich her, auf den Riss in der Mauer zu. All das geschah schweigend. Iwri wehrte sich nicht. Erst als er durch den Spalt hinausgestoßen wurde, stieß er einen gellenden Schrei aus. Während der Riss in der Wand sich langsam hinter ihm schloss, klang ein vielfacher Nachhall durch alle Gänge und Höhlen des Labyrinths. Jeder im Schattenvolk hatte ihn gehört, aber keiner konnte später sagen, ob es ein Schrei des höchsten Entzückens gewesen war oder einer der letzten, endgültigen Verzweiflung.

Aus den Aufzeichnungen des Traumweltreisenden Max Muto

Heute Morgen war die Uralte Kurtisane ausgesprochen leutselig. Ihrem Befehl gehorchend besuchte ich sie in ihrem Schlafgemach zur Levée und fand mich zu meiner Überraschung mit ihr allein. Sie trug nichts als ihre Juwelen auf dem Leib, davon allerdings eine solche Menge, dass ihre weiße Haut gleichsam überkrustet wirkte. Von einem Berg seidener Kissen gestützt saß sie aufrecht in ihrem Bett, das die Form eines großen Sarges hatte. Unwillkürlich fragte ich mich, wie lange sie schon tot sei.

»So stehen Sie doch nicht herum wie ein dummer Junge«, sagte sie lächelnd. »Setzen Sie sich, lieber Max.«

Da keine andere Sitzgelegenheit da war, nahm ich auf dem Rand des Sarges Platz. Sie servierte mir eigenhändig eine Tasse ihrer Frühstücksschokolade, schließlich gab sie mir sogar Feuer für meine Zigarette. Ganz unverblümt machte sie mir schöne Augen, und ich konnte bei dieser Gelegenheit feststellen, dass sie die goldene Iris gewisser Kröten hatten. Ich sagte es ihr, und sie schien mit meinem Kompliment äußerst zufrieden. Bei so viel Beweisen ihrer Gunst durfte ich wohl mit Recht darauf hoffen, für meine Bitte ein offenes Ohr zu finden.

Ein wenig verwirrte es mich anfangs, dass die ellbogenlangen Handschuhe, die sie als einzige Kleidungsstücke trug, zweifarbig waren, einer kanariengelb, der andere dunkelviolett. Auf meine Frage hin erklärte sie mir, sie hielte es gewohnheitsmäßig so, aus Gründen der kalendarischen Ordnung. Der linke Handschuh zeige ihr jeweils den Monat, der rechte den Tag an, wobei die Farben natürlich entsprechend wechselten. So könne sie, die wegen ihrer Zerstreutheit zu Unordnung und Verwechselung neige, ihre Günstlinge jederzeit ohne Mühe unterscheiden. Damit war auch das einleuchtend erklärt.

Nachdem wir eine Weile die übliche belanglose Konversation geführt hatten, während welcher es mir zwei oder dreimal gelungen war, sie zum Lachen zu bringen, fragte sie mich nach meinem Wunsch.

»Ihre Bibliothek, verehrte Gönnerin«, antwortete ich, »ist bei allen Berufsträumern berühmt, nicht nur wegen ihrer Vollständigkeit, sondern mehr noch wegen der vielen Unikate, die sie enthält. Ich konnte in Erfahrung bringen, dass sich in der linguistischen Abteilung ein bestimmtes Wörterbuch befindet, welches für Sie, teuerste Freundin, ganz bedeutungslos, für mich dagegen von höchstem Wert ist. Ich bitte Sie recht herzlich, mir diesen Dictionnaire zu überlassen, wenn nicht für immer, so wenigstens leihweise für einige Jahre.«

Sie schlürfte ihre Schokolade, dann sagte sie: »Da es Ihnen so wichtig zu sein scheint, lieber Max, will ich Ihnen das Buch gern überlassen – jedoch nicht, ohne dass Sie mir zuvor einen Gegendienst erwiesen haben.«

Ich verbeugte mich leicht. »Dieses Zuvor scheint das unverbrüchliche Gesetz meiner Reise zu sein. Ich habe es als selbstverständlich vorausgesetzt, meine Teuerste. Was verlangen Sie?«

Sie blickte mich zweifelnd an und meinte dann: »Machen Sie sich keine Illusionen, Max. Meine Bedingungen hören sich vielleicht nicht sonderlich schwierig an, doch werden sie Ihnen möglicherweise das Äußerste an Mut und Mühe abverlangen.«

Leicht oder schwierig, dachte ich bei mir, spielt absolut keine Rolle, denn wie die Dinge für mich von Anfang an gelaufen sind und wie sie auch diesmal zu laufen scheinen, werden Konditionen niemals erfüllt, sondern durch neuerliche Konditionen hinausgeschoben. Doch das behielt ich natürlich für mich. Laut sagte ich: »Was es auch sei, meine Schöne, ich bin zu allem bereit.«

»Nun gut«, antwortete sie, »es geht also um Folgendes: Vor vielen Jahren – ich erinnere mich nicht mehr, wann – habe ich die sechs besten Architekten des Landes damit beauftragt, mitten in der Westlichen Wüste eine Stadt zu bauen. Diese Stadt sollte in jeder Hinsicht vollkommen sein und deshalb den Namen Zentrum tragen, Sie verstehen. Die Leute machten sich also mit einem Heer von Maurern, Zimmerleuten, Steinmetzen und anderen Handwerkern auf, meinen Auftrag auszuführen – seither habe ich nie wieder etwas von ihnen gehört. Von Ihnen, mein lieber Max, fordere ich nun, dass Sie mir sobald wie möglich Nachricht bringen, was aus den Leuten und dem Projekt geworden ist. Trauen Sie sich das zu?«

»Ich werde mein Bestes tun«, versprach ich und nahm Abschied von ihr.

Die Westliche Wüste beginnt gleich hinter dem Schloss. Man erreicht sie am besten über den rückwärtigen Dienstboteneingang, den man allerdings nur findet, wenn man die riesenhafte Küche durchquert. Hunderte von Köchen arbeiten hier Tag und Nacht in flackerndem Feuerschein an brodelnden Kesseln und zischenden Pfannen. Einer von ihnen, Kell mit Namen, flehte uns fast weinend an, ihn mit uns zu nehmen. Da wir für unsere Wüstenreise durchaus noch jemanden brauchen konnten, der sich um unsere Nahrung kümmerte, willigten wir ein.

Wie lange fahren wir nun eigentlich schon auf unserem schwebenden Schiff, immer unter dem gleichen gewittergrauen Himmel hin, immer über die gleiche Ebene aus Geometrie, immer auf die Mitte dieser Wüste zu, ohne zu wissen, ob es ein solches Zentrum überhaupt gibt?

Wir, das bedeutet meine Gefährten und ich. Die Gesellschaft war nicht immer so zusammengesetzt wie jetzt. Gegenwärtig handelt es sich dabei um Dr. Henz, unseren Arzt, dann um Oberst Graubund, der sich für unsere Waffen zuständig fühlt, ferner meine beiden Sekretärinnen, Frl. Darwan, dunkelhaarig und zauberkundig, und Frl. Isiu, blond und von kühler Vernunft. Außerdem gibt es seit einiger Zeit da noch einen jungen Mann mit Stehkragen, Zwicker und aufgezwirbeltem Schnurrbart. Er war plötzlich einfach da. Er heißt übrigens Eugen und ist wohl lediglich als Statist vorhanden. Und seit Neuestem eben Kell, der Koch, ein immer vor Eifer schwitzender, rundlicher Mann um die vierzig. Schließlich begleitete mich von Anfang an ein allerliebstes flinkes Felltierchen unbekannter zoologischer Gattung. Es hat einen brandroten, weichen Pelz und bernsteinfarbene Augen. Ich nenne es Bui-Bui, und es hört auf diesen Namen.

Die meiste Zeit sitzen wir wie die Gruppe auf einer Fotografie unter dem riesigen weißen Segel, das sich über uns bläht und dennoch so reglos ist, als sei es aus Stein. Ab und zu zeigt sich der Kapitän. Er ist weißhaarig und offenbar völlig blind. Für gewöhnlich steigt er aus einer bestimmten Luke herauf an Deck, geht unsicheren Schrittes an uns vorüber, und verschwindet achtern in einer anderen Luke. Wen befehligt er wohl? Gibt es überhaupt eine Mannschaft? Keiner von uns hat je seine Stimme gehört. Vielleicht ist er obendrein auch noch stumm.

Manchmal fühlen wir allerdings – und darin sind sich alle einig –, dass unter Deck etwas vorgeht im gewölbten Riesenleib unseres Schiffes. Nichts, was man hören könnte, nein, das nicht, sondern eher etwas, das kommt und verschwindet und von Neuem kommt, wie ein Gedanke, der keine Worte findet …

Endlich haben wir die Stadt entdeckt!

Auf einer leichten Anhöhe, die das Zentrum der Wüste bezeichnet, liegt sie vor uns in makellosem Weiß, das sich fast blendend vom dunkleren Grau des Himmels dahinter abhebt. Ein hinreißender Anblick.

Doch wir halten zunächst Abstand. Etwa einen Kilometer von der Stadt entfernt haben wir unser Schiff vor Anker gehen lassen. Wir wollen vorerst abwarten und beobachten.

Sie bewegen sich. Für mich besteht kein Zweifel mehr, dass sie sich bewegen. Lange genug habe ich nun durch unser Fernrohr die Gebäude der Weißen Stadt beobachtet. Wenn sich diese unmerkliche Veränderung ihrer Standorte nicht mit der Langsamkeit von Gestirnen vollzöge, ich würde nicht anstehen zu behaupten, sie kriechen durcheinander. Ja, manche der Bauwerke sitzen in einer so eindeutigen Art aneinandergedrückt oder sogar aufeinander, dass man sich des Eindrucks nicht erwehren kann, sie seien in einer – vielleicht Jahrhunderte währenden – Paarung begriffen.

Eine regelrechte Fortpflanzung der Häuser – also, dass sie etwa Junge bekommen oder Eier legen, habe ich indessen nirgends bemerken können. Dagegen scheint es so etwas wie eine makrobische Zellteilung zu geben, die bewirkt, dass ein sehr großes Bauwerk in eine Anzahl kleinerer zerfällt.

Und dann ihre Gefräßigkeit! Mehr als einmal habe ich nun schon beobachtet, dass gewisse Häuser andere, meist kleinere oder jedenfalls machtlosere, niedermachen und sich einverleiben. Allerdings gibt es auch den umgekehrten Fall, dass nämlich eine Schar von kleinen kraft ihrer Überzahl sich eines weitaus größeren Opfers bemächtigt. So etwa bei jenem gebirgegroßen Palast, der sich im Zentrum der Stadt erhebt. Ich weiß nicht warum, aber wir haben uns daran gewöhnt, ihn das »Archiv« zu nennen.

Es ist förmlich umlagert von zahllosen sehr kleinen Häuschen, die das hilflose Riesenbauwerk zu benagen scheinen. Natürlich ist dieser Ausdruck wegen der Unmerklichkeit des Vorgangs nur metaphorisch zu verstehen. Immerhin aber ist in der östlichen Flanke des »Archivs« ein gewaltiges Loch sichtbar, das wie ein Bombenschaden aussieht. Dort sitzen diese winzigen Puppenhäuser dicht bei dicht bis tief ins Innere des gigantischen Baues. Da wir uns bis jetzt noch nicht entschließen konnten, uns in die Stadt hineinzuwagen, kann ich nicht sagen, ob die kleinen Parasitenbauten sich schon im Inneren des »Archivs« ausgebreitet und in seinen Hallen sozusagen eine Stadt im Saal gebildet haben.

Trotz all dieser unbezweifelbaren Tatsachen – ich zögere bei der Frage, ob die Weiße Stadt tatsächlich lebendig ist. Wahrscheinlich eine müßige Überlegung. Was wollen wir denn grundsätzlich belebt oder unbelebt nennen? Ist ein Baum lebendig, aber ein Fluss nicht? Und das Meer? Und die Wolken? Und wie oft habe ich auf meiner Traumweltreise schon Gegenstände erlebt, die plötzlich zu sprechen anfingen, oder Maschinen mit eigenem Willen.

Bewohner scheint es in der Weißen Stadt übrigens keine zu geben. Jedenfalls haben wir bis jetzt nichts beobachten können, was auf solche schließen lässt.

Was ich der Kurtisane nicht gesagt habe, und wonach sie mich auch nicht fragte: Wozu ich jenes Wörterbuch aus ihrer Bibliothek eigentlich so dringend benötige.

Ehe ich an ihren Hof kam, hatte mein Weg mich auf die Insel Gronch im Nebelmeer geführt. Die Bevölkerung dort war von einer eigentümlichen Seuche befallen. Ich nannte sie für mich die »Letternkrankheit«. Sie war durchaus nicht mit Schmerzen oder üblem Befinden verbunden, es bildeten sich auf der Haut des von ihr Befallenen nur eben überall diese Buchstaben an den infizierten Körperstellen. Es handelte sich dabei um Negativabdrücke, vergleichbar etwa mit Pockennarben, nur dass keinerlei Entzündung oder Schwäre vorausgegangen war. Diese Buchstaben bildeten Wörter oder ganze Sätze, doch handelte es sich um eine Sprache, die keiner der Inselbewohner kannte. Dennoch oder gerade deshalb waren alle Leute auf Gronch davon überzeugt, dass es sich dabei um dringende Botschaften, ja wahrscheinlich sogar um schicksalsschwere Mitteilungen aus höheren Welten handelte.

Das einzige Wörterbuch nebst Grammatik jener Sprache befindet sich aber just in der Bibliothek der Uralten Kurtisane. Da die Inselbewohner diese Dame jedoch nach ihrem Moralverständnis für die fleischgewordene Sünde schlechthin halten, ist es ihnen unmöglich, mit ihr in Kontakt zu treten. Ich bot mich deshalb an, diese Aufgabe für sie zu lösen, zumal sie dies zur Bedingung machten, mir den Eisernen Hut des Schattenfischers zur Verfügung zu stellen. Diese Kopfbedeckung ist magnetisch und erfüllt die Funktion eines Kompasses. Sie dreht denjenigen, der sie trägt, stets in die rechte Richtung. Nur mithilfe dieses Hutes kann ich die davorliegende Aufgabe lösen, welche mir das Versteinerte Ehepaar gestellt hat als Voraussetzung für … und die ist wiederum die Voraussetzung der Voraussetzung, und so immer weiter zurück bis zum Anfang meiner Traumweltreise. Doch jetzt, wo ich's bedenke, muss ich gestehen, dass ich den Anfang vergessen habe.

Was uns immer mehr zusetzt, ist die vollkommene Stille, die hier herrscht. Es ist, als verschlucke die Wüste um uns herum jeden Laut. Es gibt keine Vogelstimmen, weder angenehme noch hässliche, da es keine Vögel gibt. Wir haben bis jetzt überhaupt keine Tiere gefunden, nicht einmal Sandasseln oder die winzigen Steinspinnen. Kein Rascheln von Laub oder Gras. Die Luft ist gläsern und reglos. Um uns herum nichts als schwarzer Sand und dort drüben die Weiße Stadt. Wir haben versucht, mit allen möglichen Geräten Lärm zu machen, um die lastende Stille zu durchbrechen. Oberst Graubund hat sogar Gewehrsalven abgefeuert. Hier auf dem Schiff waren die Schüsse gerade noch hörbar, aber je mehr wir uns der Weißen Stadt näherten, desto undeutlicher klangen sie, bis sie schließlich nur noch als leises Knistern vernehmbar waren. Wir haben uns inzwischen daran gewöhnt, uns nur noch schriftlich zu verständigen, um unsere überanstrengten Stimmen zu schonen.

Nach einer längeren (schriftlichen) Beratung haben wir beschlossen, nun doch ins Innere der Weißen Stadt vorzudringen – mit allen möglichen Vorsichtsmaßnahmen, versteht sich. Der Oberst hat zwei Revolver geladen und obendrein noch mehrere Handgranaten an seinen Gürtel gehängt. Dr. Henz hat jedem von uns ein Medikament eingegeben, das uns vor ich-weiß-nicht-welchen Infektionen schützen soll. Es ist allerdings nur drei Stunden wirksam, diese Zeit dürfen wir also nicht überschreiten. Außerdem werden wir während der ganzen Exkursion eng zusammenbleiben, um uns gegebenen Falles gegenseitig zu helfen und zu schützen.

Zwei unserer gegenwärtigen Gruppe weigern sich allerdings ganz entschieden mitzukommen, nämlich Kell, der Koch, und Isiu, die Vernünftige. Nun, meinetwegen. Das soll ihrer eigenen Entscheidung vorbehalten bleiben, niemand zwingt sie. Vielleicht ist es ja sogar sinnvoll, dass jemand auf unserem Schiff zurückbleibt. Man kann schließlich trotz allem nicht wissen, was uns zustoßen wird.

Heute kann ich nur lächeln beim Wiederlesen meiner vorigen Eintragung. Welche Unsicherheit spricht aus ihr! Dabei haben sich alle unsere Vorsichtsmaßnahmen als überflüssig erwiesen.

Zwei Tage und zwei Nächte sind wir in den Straßen der Weißen Stadt herumgewandert. Die Eindrücke waren überwältigend. Wenn ich je Vollkommenheit gesehen habe, dann tatsächlich hier. Und nicht nur mir ergeht es so, auch allen anderen, die dabei waren. Sie glühen förmlich im Fieber des Entzückens und können sich nicht genug tun, den beiden Zurückgebliebenen davon zu erzählen, die allerdings wegen der besonderen akustischen Verhältnisse hier kaum mehr davon mitbekommen als die erregten Mundbewegungen.

Nichts Bedrohliches oder Gefährliches ist uns begegnet. Es ist wohl richtig, dass die Gebäude sich untereinander unmerklich langsam verschieben – Dr. Henz hat einige Vermessungen durchgeführt und Bewegungen zwischen 3 mm bis zu 57 cm feststellen können –, doch gibt es dabei nichts Beunruhigendes für den Besucher.

Alle Bauwerke sind von makellosem Weiß, die Substanz ein wenig durchscheinend wie bei edlem Alabaster. Ich bin mir allerdings unklar darüber, ob sie mineralischer Natur ist. Bei der Berührung mit der Hand fühlt sie sich eher warm und – nun, eben lebendig an. Sie kommt einem sogar entgegen, schmiegt sich einem förmlich in die Hand, als suche sie die Berührung.

Nun aber zur schwierigsten Frage: Wie könnte man den Stil dieser Architektur beschreiben? Mir fällt kein Vergleich ein, ich habe niemals etwas Ähnliches gesehen auf meiner ganzen Traumweltreise nicht. Frl. Darwan hat fleißig fotografiert, ist aber selbst höchst unzufrieden mit den Ergebnissen – zu Recht, wie ich sagen muss. Kein einziges Bild gibt auch nur annähernd den eigentümlichen Zauber wieder, den man erlebt, wenn man sich in der Weißen Stadt aufhält.

Ohne mich voreilig festlegen zu wollen, kann ich vielleicht doch schon eines konstatieren: Alle Formen, im Detail wie im Gesamten, haben Ähnlichkeit mit Gebilden aus der organischen Welt. Es gibt da beispielsweise eine »Kathedrale« – wir haben sie jedenfalls so genannt –, deren filigranes Stützgewebe an den inneren Aufbau eines Oberschenkelknochens erinnert. Ein Minimum an Substanz, welches ein Maximum an Tragkraft ergibt. Der Eindruck von Anmut und Leichtigkeit, den dieses immerhin über hundert Meter hohe Bauwerk dadurch hervorruft, ist unübertrefflich. Es gibt Häuser – wenn es denn welche sind –, die in ihrer wunderbaren Symmetrie an den strahlenförmigen Aufbau von Kugeltierchen oder anderer Infusorien erinnern. Daneben finden sich Pflanzenformen, Zellen, Blüten, Schalen, Blätter, die auf eine immer von Neuem überraschende Art ineinander übergehen, Minaretts, die bambusartige Knotenbildungen aufweisen und an der Spitze in gerippten Zapfen enden. Der Reichtum an Variationen scheint unendlich. Jede einzelne Form ist einmalig und wiederholt sich nirgends.

Alle diese formalen Gründe erklären aber noch nicht das beinahe ekstatische Wohlgefühl, das wir erfuhren und das auch jetzt noch im Nachklang anhält. Dessen Ursache ist unsichtbar und liegt in einer unerklärlichen Atmosphäre von reiner, elementarer Lebenskraft, die alles und jedes durchpulst. Der Gedanke drängt sich einem auf, dass es irgendwo im verborgenen Herzen dieser Stadt den Quell ewiger Jugend und unerschöpflicher Gesundheit geben muss.

Dies jedenfalls war der Grund, warum wir uns einfach nicht zur Rückkehr aufs Schiff entschließen konnten. Erst als unsere mitgenommenen Vorräte bis auf den letzten Bissen und Tropfen verzehrt waren, nahmen wir zögernd und höchst ungern Abschied – obwohl es doch nur ein vorläufiger war. Denn wir sind uns alle einig, dass wir möglichst bald in die Weiße Stadt zurückkehren wollen. Vielleicht tun wir es noch heute Nacht, spätestens morgen, wenn wir uns ausgeschlafen haben. Wir sind unruhig wie Kinder vor einem Fest und können es kaum erwarten.

Nun ist doch eine gewisse Ernüchterung über uns gekommen. Ich fühle mich auf eine bislang nie gekannte Art zerschlagen, erschöpft, buchstäblich ausgesaugt. Den anderen geht es offenbar ähnlich, obwohl wir kaum miteinander kommunizieren. Ich habe nicht einmal Lust, diese Aufzeichnungen fortzusetzen.

Jedenfalls müssen wir uns erst gründlich erholen, ehe wir zum nächsten Erkundungsausflug aufbrechen. Selbst Dr. Henz sieht bleich und entkräftet aus. Ja, wir müssen unbedingt bessere Schutzvorkehrungen treffen, darüber sind wir uns einig. Aber dass wir gehen werden, steht fest.

Der Zwang zur Ruhe gibt mir genug Zeit nachzudenken. Ich fühle mich elend.

Nie zuvor ist mir die Absurdität meiner Existenz so unerbittlich klar vor Augen getreten wie hier und jetzt. O, ich kann kaum ausdrücken, wie sehr ich dieser unaufhörlichen Traumweltreise überdrüssig bin. Ich bin mein eigenes Dasein gründlich leid und sehne mich danach, aus all dem endgültig aufzuwachen – was auch immer dieses Wort bedeuten mag.

Ich weiß aber, dass ich meine Irrfahrt erst dann werde beenden dürfen, wenn ich jene ursprüngliche Aufgabe gelöst habe. Sie stand ganz am Anfang, darum will ich sie einmal Alpha nennen. Um Alpha zu bewältigen, musste ich nur einen kleinen Schritt zurücktreten, denn dazu war zunächst einmal Betha notwendig. Betha aber war nicht zu lösen ohne Gamma – und so immer fort. Wo befinde ich mich jetzt? Ich weiß nicht mehr, vielleicht mitten im Alphabet der Ewigkeit. Aber was besagt schon ein Ort, da die Reihe unendlich ist?

Ja, ich habe mich vom Ausgangspunkt inzwischen unendlich weit entfernt und weiß nicht einmal mehr, worum es sich da einst gehandelt hat. Während dieser ganzen Reise bin ich rückwärts gegangen – Schritt für Schritt, Station für Station. Keine einzige Aufgabe habe ich gelöst. An die

Stelle einer jeden trat nur eine andere, ihr vorausgehende. Was kann ich denn noch erhoffen? Dass ich bei meiner Rückwärtswanderung eines schönen Tages durch Zufall mit dem Hintern ausgerechnet wieder gegen Alpha stoße? Und was würde dann geschehen?

Es hat keinen Sinn, darüber zu grübeln. Zum einen ist die Wahrscheinlichkeit, auf diese Weise den Ursprung wiederzufinden, bei der unendlichen Anzahl der Möglichkeiten gleich null, und zum anderen könnte es sehr gut sein, dass damit nur alles sich zu wiederholen begönne – ein entsetzlicher Gedanke!

Ich will nicht mehr darüber nachdenken, nein, ich will nicht mehr.

Unsere Rekonvaleszenz dauert länger, als wir angenommen hatten. Neuerdings quält mich ein nahezu süchtiges Verlangen, allein, ohne meine Begleiter in die Weiße Stadt zurückzukehren.

Ich kann dieses Verlangen nur mit einer Art von erotischer Besessenheit vergleichen. Ich wüsste nicht, wie ich es begründen kann, aber ich bin davon überzeugt, dass nur ich – und auch das nur, wenn ich es allein versuche – das geheime Zentrum der Stadt zu finden vermag. Es ist wie eine Verheißung, und trotz meiner Entkräftung fühle ich, dass ich ihr Folge leisten muss.

Ich weiß nicht, ob es den anderen ähnlich ergeht. Ich weiß nur, dass mir ihre Gegenwart lästig ist. Warum muss ich während meiner Traumweltreise stets von Begleitern umgeben sein, die mich im Grunde nichts angehen, die mich nicht verstehen und die mir nur zur Last sind? Ich wollte wirklich, ich wäre wenigstens dieses eine Mal allein.

Dr. Henz beispielsweise behelligt mich immer wieder mit seinen Zetteln, die er mir zuschiebt und auf denen jedes Mal die gleiche Frage steht: Was ist aus den Erbauern der Stadt geworden?

Ich zucke die Achseln. Nichts ist mir offen gestanden im Augenblick gleichgültiger. Gewiss, es war der Auftrag der Uralten Kurtisane, das herauszufinden. Aber was kümmert mich das noch?

Dr. Henz gibt keine Ruhe. Ich hoffe, ich kann ihn bald auf irgendeine Weise loswerden. Für immer.

Eben fand eine allgemeine (abermals nur schriftliche) Beratung statt, ob – und wenn ja, unter welchen Vorkehrungen – man noch einmal ins Innere der Weißen Stadt vordringen solle oder ob das ganze Unternehmen abgebrochen werden müsse. Es kostete mich einige Beherrschung, sie alle meinen Überdruss an ihrer Gegenwart nicht allzu deutlich fühlen zu lassen. Besonders ärgerte es mich, dass ausgerechnet Eugen, dieser völlig nutzlose Mitreisende, mich immer wieder besorgt von der Seite anblickte. Ich werde ihm wohl bald einmal nachdrücklich klar machen müssen, dass er nur geduldet ist.

Frl. Isiu, die kühle Blonde, und der Koch Kell, weigern sich nach wie vor mitzukommen. Es scheint fast, als hätten sie Angst – was mich vor allem bei ihr wundert, die sonst immer vorgab, von uns allen die durch nichts zu Beeindruckende zu sein.

Nun, meinetwegen. Je weniger es sind, desto besser.

Aufregung auf dem Schiff. Was ist geschehen? Ausgerechnet Kell und Isiu sind verschwunden. Niemand weiß wohin, niemand hat sie gehen sehen. Sollten sie unvorsichtigerweise auf eigene Faust eine Exkursion in die Weiße Stadt unternommen haben? Ich kann es nicht recht glauben, nach ihrem ganzen Verhalten, das sie in diesen letzten Tagen gezeigt haben. Oder war es gerade das Gefühl, dem unbegreiflichen Sog mehr als wir anderen ausgeliefert zu sein, das ihren bisherigen Widerstand hervorrief?

Dass sie sich allein und zu Fuß auf den Rückweg durch die Westliche Wüste zum Schloss gemacht haben sollten, ist wohl kaum anzunehmen.

Wie auch immer, es wird beschlossen, unverzüglich nach den beiden verlorenen Gefährten zu suchen. Ich schließe mich dieser Aktion natürlich an, wenn auch widerwillig. Unser Aufbruch erfolgt ziemlich ungeordnet und planlos.

Wir haben die beiden schließlich gefunden, aber es war schon zu spät. Sie müssen wohl tatsächlich von einer Art Raptus, einem plötzlichen Anfall übermächtiger Gefühle erfasst worden sein, anders ist nicht zu erklären, was sie taten.

Bei unserem ersten Besuch hatten wir ja vorsichtshalber vermieden, in eines der Gebäude hineinzugehen, hatten uns nur auf den Straßen und Plätzen aufgehalten. Aber sie müssen wohl spornstreichs hineingerannt sein. Offenbar sind sie buchstäblich eingesaugt worden.

Frl. Isiu hatte sich, als wir sie schließlich entdeckten, bereits mit einem Gebäude »vereinigt« – ich weiß nicht, wie ich es sonst bezeichnen könnte. Wir sahen ihr Gesicht wie eine ins Riesenhafte vergrößerte Totenmaske mit geschlossenen Augen, die sich von innen durch eine Wand abdrückte. Zwar waren ihre Züge etwas verschleiert, aber es waren unzweifelhaft die ihren. Sie lächelte mit einem Ausdruck vollkommener Erfüllung.

Schwieriger war es, den Verbleib von Kell ausfindig zu machen. Wir waren an dem Bauwerk, das ihn sich einverleibt hatte, schon mehrmals vorübergelaufen, ehe wir bemerkten, dass die wulstige Mauer, die sich vorwölbte und die halbe Straße versperrte, sein ins Überdimensionale vergrößerter Bauch war. Sogar der Nabel fehlte nicht. Von Kopf und Gesicht dagegen war keine Spur zu finden.

Unser Rückweg auf das Schiff ähnelte diesmal mehr einer panischen Flucht.

Da ich mich die ganze Zeit abseits von der Reisegesellschaft gehalten habe, ist mir entgangen, dass man sich offenbar nach längerer Beratung geeinigt hat. Dr. Henz überreicht mir einen Zettel. Ich lese:

Die vollkommene Schöpfung hat ihre Schöpfer verschlungen.

Ja, das ist die Antwort, ich weiß es im Grunde längst. Obgleich sie mir nicht erklärt, warum auch unsere beiden Gefährten daran glauben mussten, bin ich doch sicher, dass die Bedingung erfüllt ist. Ich könnte damit zur Uralten Kurtisane zurückkehren und ihr die Botschaft davon bringen, was aus ihrem Auftrag und denen, die ihn ausführten, geworden ist. Sie würde mir daraufhin das Wörterbuch geben. Damit könnte ich auf die Insel Gronch im Nebelmeer reisen und den von der Letternkrankheit Befallenen übersetzen, was ihre Narben bedeuten. Sie müssten mir daraufhin den Eisernen Hut des Schattenfischers überlassen, der mich in die richtige Richtung drehen würde, womit ich die Bedingung des Versteinerten Ehepaares erfüllen könnte …

Ich würde also in meinen eigenen Fußspuren zurückgehen, Schritt für Schritt, Station für Station – und würde endlich am Anfang ankommen. Beim Alpha. Meine Reise wäre zu Ende.

Jetzt, da zum ersten Mal diese Möglichkeit wirklich vor mir auftaucht, bemerke ich, dass ich nichts weniger wünsche. Sie erschreckt mich zutiefst.

Jetzt hängt es also ganz von meinem Entschluss ab, ob diese letzte Station hier die Klimax und die Peripetie meiner Traumweltreise sein wird. Und ich weiß auch, dass meine Entscheidung unwiderruflich ist, weil sie sich niemals mehr wiederholen kann. Entschließe ich mich jetzt umzukehren, dann ist die Rückkehr zum Alpha besiegelt; entschließe ich mich aber, es nicht zu tun, dann ist die Rückkehr zum Alpha für immer unmöglich geworden.

Und während ich all dies noch niederschreibe, weiß ich doch schon, dass ich mich längst entschieden habe, ja, dass ich in Wahrheit seit jeher entschlossen war weiterzureisen. Nur, wozu ich mich bisher gezwungen glaubte, das ist von nun an mein Wille.

Ich werde mir also selbst eine neue Bedingung schaffen, die ich erfüllen muss, ehe ich umkehren kann. Welche? Das wird sich finden. Darauf kommt es im Grunde nicht an, denn ich werde sie ja nicht erfüllen, so wie ich niemals eine Bedingung erfüllt habe.

Aber nun, da ich das weiß – könnte ich nicht überhaupt darauf verzichten? Nein, das nicht. Das Spiel bedarf einer Regel, um weiterzugehen. Auch oder gerade dann, wenn man es allein spielt.

Ich bin noch einmal in die Weiße Stadt gegangen. Allein. Sie hat keine Gewalt mehr über mich.

Ich habe beschlossen, sie zu zerstören, sie zu vernichten, sie in einem Feuerregen untergehen zu lassen, wie dies von alters her bei derlei Städten üblich ist. Nicht etwa, um die Gefahr für andere Reisende aus der Welt zu schaffen, nein, nur um meine eigenen Spuren für jeden, der nach mir kommt, unauffindbar zu verwischen.

Zugleich weiß ich aber, dass die Stadt unberührt bleiben wird, so wie sie ist, denn als Voraussetzung für ihren Untergang muss ich erst einen Kometen einfangen und zureiten. Und das ist wahrhaftig keine Kleinigkeit. Es ist sogar ganz unmöglich, es sei denn, dass ich zuvor …

Immer erheben sich hinter dem Horizont neue Horizonte. Wir lassen eine Traumwelt hinter uns, um uns in einer anderen wiederzufinden. Und während wir deren Grenze überschreiten, öffnet sich schon die nächste, und so immer fort bis an die Gestade der Dämmerung.

Mein Weg liegt vor mir. Ich, Max Muto, beneide keinen, der je sein Ziel erreicht hat.

Ich reise gern.

Das Gefängnis der Freiheit

Die Geschichte der Tausendundelften Nacht

Der blinde Bettler, den alles Volk »Insch'allah«[9] nannte, fuhr zum Kalifen gewendet fort in seiner verstatteten Rede:

Du hast gehört, o Gebieter aller Gläubigen, wie ich unter den Einfluss jenes griechischen Weinsäufers und Schweinefleischfressers geriet, der sich als Philosoph ausgab und der mich durch sein Gefasel an der Allmacht und Allwissenheit Allahs – Sein Name sei gepriesen! – und an der allein wahren Lehre Seines Propheten – gesegnet sei Er! – irre machte, indem er mir allerlei listige Beweisführungen dafür vorgaukelte, dass der Mensch einen freien Willen habe und nach eigenem Ermessen, einzig aus sich selbst heraus, Gutes oder Böses hervorbringen könne. Doch dies ist Lästerung, denn es würde bedeuten, dass das Geschöpf seinen Schöpfer zu überraschen vermöchte und es also auch für den Höchsten und Einzigen ein Vorher und ein Nachher gäbe, und Er mithin nicht über der Zeit stehe, sondern ihr unterworfen sei wie alles, was Er geschaffen hat.

Du aber, o Gebieter aller Gläubigen, weißt wohl, dass der Mensch vor dem Angesicht des Ewigen – gelobt sei Er! – nicht mehr bedeutet als ein Sandkorn in der Wüste, denn so wie dieses vom Sturmwind dahin und dorthin geblasen wird und sich aus eigener Kraft nicht regen kann, so ist es einzig der Wille Allahs – Sein Friede sei mit Dir, Herr! –, der uns zu dem oder jenem Tun bewegt, und aus eigener Entscheidung vermögen wir nicht das Geringste. So war es von Anbeginn der Zeiten, und so wird es sein bis zu deren Ende, denn Er, der über allen Zeiten steht, weiß allein den Ausgang aller Dinge und kennt unser heimlichstes

Dichten und Trachten in jeder Einzelheit schon von Ewigkeit her.

Darum höre nun, o Gebieter aller Gläubigen, wie die Güte und Strenge des Allmächtigen mit mir verfuhr, um mich zur völligen Unterwerfung unter Seinen heiligen Willen zu führen, indem Er Iblís, dem Lügner[10] erlaubte, mich für eine zugemessene Zeit zu versuchen und zu verblenden.

Ich war damals noch ein Jüngling in der Blüte meiner Jugendkraft und voll der eitlen Anmaßung, die das Gift des Griechen in meinem Herzen hervorgerufen hatte. Ich glaubte, all mein Glück und meinen Reichtum meinen eigenen Fähigkeiten und meiner Klugheit als Kaufmann zu verdanken. Ich vergeudete meine Tage in philosophischen Gesprächen mit jenem vermeintlichen Lehrer und Freund und meine Nächte in immer neuen Schwelgereien. Ich glaubte, mich nicht mehr an die von Allah durch Seinen Propheten geoffenbarte Weltordnung halten zu müssen, hielt die vorgeschriebenen Gebete und Waschungen nicht mehr ein und vernachlässigte auch alle anderen Gebote unserer Religion mehr und mehr.

Schließlich ging ich sogar so weit, den Fastenmonat zu missachten. Selbst am 27. Ramadan, in dem der Lailat Al Kadr[11] gefeiert wird, aß und trank ich den ganzen Tag. Meine Diener entsetzten sich vor mir und vor dem Unheil, das ich über mein Haus heraufbeschwor, und flohen. Ich lachte aber nur über sie und beschloss, sie am folgenden Tag, wenn sie zurückkämen, allesamt öffentlich auspeitschen zu lassen.

Jedenfalls war ich an jenem Abend allein und von meinen Ausschweifungen trunken und schläfrig, deshalb weiß ich nicht zu sagen, woher jene schöne Tänzerin kam, die plötzlich in meinem Diwan[12] stand. Ich hatte sie nicht gerufen und kannte sie auch nicht. Es war, als habe sie sich unversehens aus den süßen Haschischwolken gebildet, die meinem Nargileh[13] entquollen.

Sie trug ein loses Gewand aus schwarzen, silberdurchwirkten Schleiern, das den Elfenbeinglanz ihrer wohlgeformten Glieder allenthalben erahnen ließ. Ihr Gesicht war wie der volle Mond, und ihre Lippen glichen den Rosen aus Samarkand. Ihr Haar, das gelöst bis zu ihren Kniekehlen herabhing, hatte die Farbe des Rabengefieders, und ihre Hände und Füße waren von Henna gerötet. Der Duft, der von ihrem Körper ausging, war so betörend, dass ich vermeinte, eine Huri[14] vor mir zu sehen. Als sie nun begann, sich im Tanze zu drehen und ihren schlanken Körper zu biegen, klirrten ihre goldenen Armreifen, und die silbernen Schellen an ihren Fußgelenken läuteten wie zartes Grillengezirpe. Zugleich ertönte, ich wusste nicht woher, Musik von so sinnenberauschender Leidenschaft, dass ich mich nicht länger zu beherrschen vermochte.

»Wer bist du, o du köstliches Juwel der Liebe?«, rief ich aus. »Du musst mir gehören, und koste es alles, was ich besitze. Sage mir, was du dafür forderst.«

Da war mir plötzlich, als hielte die Welt den Atem an und als stünde die Zeit stille. Die Schöne kam zu mir, warf sich vor mir auf die Knie und umfasste meine Füße.

»O Herr«, erwiderte sie mit der Stimme einer gurrenden Taube, »ich gehöre dir allein. Tu mit mir, wonach dein Herz begehrt. Aber zuvor schwöre mir, dass es nur deiner und keines anderen Wille ist, dem du folgst und immerdar folgen wirst.«

»Ich schwöre es beim Allmächtigen!«, sprach ich.

Sie aber lachte und hob erstaunt ihre Augenbrauen, welche den Flügeln einer Schwalbe glichen, die sich in die Lüfte schwingt.

»Wie kannst du bei diesem Namen schwören?«, fragte sie spöttisch. »Ist Er allmächtig, so geschieht ja alles nach Seinem Willen und nicht nach dem deinen.«

»Spitzfindigkeiten!«, rief ich ebenfalls lachend. »Bin ich denn nur noch von Philosophen umgeben? Ich denke, du hast mir Besseres zu bieten, oder willst du mich verschmachten lassen vor Liebesbegierde?«

Ich wollte sie zu mir auf die seidenen Polster ziehen, doch sie wehrte sich flink gegen meine Hände und entglitt mir wie eine Schlange.

»Erst schwöre mir!«

»Bei wem oder was soll ich schwören, um es dir recht zu machen?«

Ich wurde immer ungeduldiger.

»So schwöre mir denn bei dem Licht deiner Augen!«, befahl sie, und um ihre Lippen spielte ein grausamer Zug.

Ich aber, rasend vor Durst, aus dem Brunnen ihres Paradiesgärtleins zu trinken, gehorchte ihr.

Da legte sie langsam Schleier nach Schleier ab, bis kein Teil ihres milchweißen Körpers mehr meinen Blicken verborgen war. Und sie kam zu mir und beugte sich über mich, und ihr nachtschwarzes Haar verbarg uns beide wie ein Zelt. Sie näherte ihr Antlitz dem meinen, und nun sah ich, dass die Pupillen ihrer Augen senkrechte Schlitze waren, in denen grünes Licht glomm. Und als sie ihre Lippen zum Kusse öffnete, schoss eine lange, gespaltene Zunge hervor. Da begriff ich, dass ich in der Gewalt des Iblís war, und vor Schreck und Entsetzen fiel ich hintenüber, und mein Geist verdunkelte sich.

Ich fühlte, wie ich über Länder und Meere dahingetragen wurde, dann verschwand die Erde unter mir, und die rasende Reise ging hinaus in den Raum der Sterne. Doch auch die verloschen hinter mir, und um mich her war nun völlige Dunkelheit und Leere.

Lange Zeit schwebte ich so in einer Finsternis jenseits der Grenzen der Schöpfung. Dann nahm ich nach und nach ein grünliches Licht wahr, das dunstig und doch auf unangenehme Art grell war. Ich erkannte in ihm das nämliche Leuchten wieder, das mich aus den Pupillen der Tänzerin getroffen hatte. Aber jetzt war es allgegenwärtig, ohne dass ich jedoch feststellen konnte, von wo es ausging. Ich blinzelte, denn es bereitete meinen Augen Schmerz. So verging eine Weile, ehe ich erkennen konnte, wo ich mich befand.

Ich lag auf einem kreisrunden Ruhelager, das in der Mitte eines riesenhaften, ebenfalls kreisrunden Kuppelbaues stand. Ich weiß nicht, wie ich das Gefühl von völliger und endgültiger Verlorenheit und Verlassenheit schildern soll; das mich sogleich befiel, noch weiß ich zu sagen, durch welche Besonderheit der Architektur dieser Eindruck in mir hervorgerufen wurde. Der ungeheure Innenraum glich am ehesten dem einer Masgid[15] doch war er viel mehr die teuflische Nachäffung einer solchen heiligen Örtlichkeit, denn so wie diese vom erhabenen Geist des Koran und seinen segensreichen Schriftzeichen erfüllt ist, war jene das Abbild eines leeren und wesenlosen Universums. Die Wände waren glatt und weiß, desgleichen die riesenhafte Wölbung der Kuppel und der Marmorboden. Fenster gab es nicht, doch in der Wand, die in einem weiten Rund den Raum begrenzte, reihte sich Tür an Tür. Sie alle waren geschlossen.

Dann hörte ich eine körperlose Stimme wie das Zischen einer Schlange, die von überallher zugleich zu mir sprach:

»Dies, stolzer Jüngling, ist der einzige Ort unter allen Orten des Universums, wohin der Wille Allahs nicht reicht. So wie eine winzige Luftblase in der Unendlichkeit des Ozeans leer ist vom salzigen Nass, so ist dieser Raum, in dem du dich von nun an aufhalten musst, ausgespart aus der Allmacht und Allwissenheit des Ewigen. Ich, der Geist der vollkommenen Freiheit, habe ihn erschaffen als einen Tempel der Auflehnung und der Selbstherrlichkeit. Nütze diese Gelegenheit und erweise dich meiner Einladung würdig.«

Ich erschrak tief bei diesen Worten, denn so gänzlich war ich doch noch nicht dem Dünkel jenes ungläubigen Griechenhundes verfallen, dass ich einer solchen Lästerung Glauben schenken mochte. Doch wagte ich auch nicht zu antworten, denn ich fürchtete mich davor, durch den Klang meiner eigenen Stimme zu bestätigen, dass ich jene schrecklichen Worte wirklich gehört hatte. Schon war es mir nämlich, als hätte ich nur meine eigenen Gedanken vernommen.

Du wirst es begreiflich finden, o Kalif, dass mein erster Gedanke der Möglichkeit galt, zu fliehen, diesen unheilvollen Ort auf dem schnellsten Wege zu verlassen. Ein anderer Mensch an einem anderen Ort hätte sich Allahs Schutz und Hilfe anvertraut, und Er hätte ihn nach Seinem Willen geführt, aber mir war diese Zuflucht nicht gegeben. So begann mein Verhängnis.

Türen gab es viele, doch eben dieser Umstand war es, der mich verwirrte. Hätte es nur eine einzige gegeben, so hätte ich selbstverständlich sofort versucht, ob sie sich öffnen ließe. Aber für diese vielen Türen musste es gewiss einen Grund geben, der mir verborgen war. Ich konnte wählen, doch war dabei größte Vorsicht geboten, denn es konnte durchaus sein, dass mir eine Falle gestellt wurde.

»Du tust gut daran zu zögern«, sagte die körperlose Stimme, als habe sie meine Gedanken gelesen, »denn es könnte doch sein, dass hinter der einen Tür ein blutgieriger Löwe lauert, der dich zerreißen wird, hinter der anderen aber ein Blumengarten voller Zauberfeen, die dir tausend Wonnen der Liebe schenken werden, hinter der dritten ein riesiger Negersklave mit blankem Schwert, bereit, dir den Kopf abzuschlagen, hinter der vierten ein Abgrund, in den du stürzen würdest, hinter der fünften eine Schatzkammer voller Gold und Juwelen, die dir gehören sollen, hinter der sechsten ein grausiger Ghul[16], der dich verschlingen will, und so immer weiter. Ich sage nicht, dass es so ist, aber es könnte doch so sein. In diesem Fall wirst du dir dein Schicksal selbst wählen. So wähle denn gut.«

Ohne das Ruhelager zu verlassen, drehte ich mich langsam im Kreise und blickte von einer Tür zur anderen, doch sie alle waren einander gleich und ohne das geringste Unterscheidungsmerkmal. Mein Herz taumelte zwischen Furcht und Hoffnung hin und her, bis mir der Schweiß auf der Stirn stand.

Aber konnte ich dieser Stimme denn überhaupt trauen? Vielleicht log sie. Außerdem hatte sie ja nicht gesagt, dass es so war, sondern nur, dass es so sein könnte. Vielleicht war es also ganz anders. Vielleicht waren alle Türen versperrt und verriegelt – bis auf eine einzige, die ich herausfinden musste. Doch war es ja offensichtlich, dass ich von unsichtbaren Augen beobachtet wurde. Ich musste also zuerst herausfinden, welche Tür mir die Möglichkeit zur Flucht bot, dann musste ich einen günstigen Augenblick abwarten. Besonnenheit war dabei das Wichtigste, so sagte ich mir. Andererseits konnte es ja auch sein, dass die einzige unversperrte Tür zu jeder Stunde, ja in jedem Augenblick eine andere war. Doch wer sagte mir, dass es sich dabei nur um eine einzige Tür handelte? Konnten nicht auch zwei, drei oder mehr Türen unverschlossen sein? Die Worte, die ich vernommen hatte, ließen im Grunde nicht darauf schließen, dass ich ein Gefangener war. Möglicherweise ließen sich tatsächlich alle Türen öffnen, und ich konnte irgendeine beliebige wählen. Aber warum waren es dann so viele?

Meine Gedanken fingen an, sich im Kreise zu drehen.

Ich musste irgendetwas tun, um mir Gewissheit zu verschaffen. Also erhob ich mich von dem Ruhelager, durchquerte den Raum und blieb vor einer der Türen stehen, doch wagte ich nicht, die Hand nach dem Knauf auszustrecken. Ich ging ein paar Schritte weiter zur nächsten und dann wieder zur nächsten und abermals zur nächsten. Es gab keinen Grund, einer den Vorzug vor einer anderen zu geben. Vor jeder aber befiel mich augenblicklich die Furcht, von allen Möglichkeiten die schlechteste zu wählen. So ging ich immer weiter, von einer zur anderen, bis ich den ganzen Kreis abgeschritten hatte, ohne doch klüger geworden zu sein.

Ich beschloss, die Türen zu zählen, obgleich ich selbst nicht hätte sagen können, inwiefern die Kenntnis ihrer Anzahl mir aus meiner Verzweiflung helfen mochte. Doch schon bald erwies sich dieser Versuch als recht schwierig, denn da ich nicht feststellen konnte, bei welcher Tür ich angefangen hatte zu zählen, wusste ich nun auch nicht, wo aufhören. Ich kam auf den Einfall, einen meiner goldbestickten Pantoffeln auszuziehen und vor eine der Pforten zu stellen. Ich hinkte im Kreise herum, und als ich zu ihm von der anderen Seite zurückkehrte, hatte ich hundertundelf Türen gezählt. Mir schauderte, denn nun wusste ich, dass dies ein Ort des Wahnsinns war.[17]

Rasch schlüpfte ich in meinen Pantoffel, ging zum Ruhelager in der Mitte des Raumes zurück, legte mich nieder und schloss die Augen, um nachzudenken.

Kaum hatte ich das getan, hörte ich wieder die körperlose Stimme: »Entscheide dich, sonst bleibst du für immer hier.«

Es bestand für mich kein Zweifel mehr, dass die einzige Möglichkeit, Näheres über die Türen zu erfahren, darin bestand, meinem unsichtbaren Kerkermeister irgendeine Andeutung zu entlocken, doch musste ich dabei äußerst geschickt zu Werke gehen. Ich setzte mich auf und fragte mit scheinbarer Unbefangenheit:

»Ist da jemand?«

»Nein«, antwortete die Stimme.

Ein langes Schweigen folgte. Das Blut hämmerte mir in den Schläfen, doch gebärdete ich mich äußerlich gelassen.

Ich beschloss, meinen Gesprächspartner herauszufordern, denn schließlich hatte ich von meinem griechischen Lehrmeister genügend Logik gelernt, um mich auf jeden Zweikampf der Worte, auch einen mit dem Erzlügner selbst, einlassen zu können.

Ich bemühte mich, meiner Stimme Festigkeit zu verleihen, während ich ausrief: »Das ist Unsinn! Wer auch immer du bist – wenn du Nein zu sagen vermagst, so bist du jemand und nicht niemand.«

Die körperlose Stimme erwiderte sogleich: »O du Meister des Scharfsinns, du stürzest mich in Verwirrung. Kannst du auch beweisen, was du da sagst?«

»Wozu?«, gab ich zurück. »Man beweist nicht, was sich von selbst versteht. Niemand kann nicht Nein sagen.«

»Wenn es denn so ist, wie du sagst«, fuhr die Stimme fort, »dann wäre mithin das Gegenteil wahr?«

»Gewiss.«

»Du willst also behaupten«, flüsterte die Stimme, »dass niemand Ja sagen kann?«

»Nein!«

»Nein?«

»Ja – das heißt, nein.«

»Was meinst du nun, ja oder nein? Oder meinst du, dass ja so viel heißt wie nein?«

»Ich will sagen, dass niemand, weil er eben niemand ist, weder Ja noch Nein sagen kann.«

»Wenn ich deine Schlussfolgerung recht verstehe«, entgegnete die Stimme, »so meinst du damit, dass nur jemand, insofern er eben jemand ist, Ja oder Nein sagen kann?«

»So ist es«, antwortete ich.

»Nun«, fuhr die Stimme fort, »das habe ich doch getan. Ich habe Nein gesagt. Weshalb also bezichtigst du mich, Unsinn zu reden?«

»Weil«, sagte ich erschöpft, »niemand auf die Frage, ob da jemand ist, mit Nein antworten kann, ohne sich zu widersprechen.«

»Verzeih mir, o du Feldherr der Gedanken«, hörte ich die Stimme, »aber ist es nicht vielmehr so, dass du dir widersprichst? Eben noch hast du mir erklärt, dass niemand weder Ja noch Nein sagen kann …«

»Das habe ich nicht gemeint!«, schrie ich.

»Das hast du nicht gemeint?«, fragte die Stimme. »Was also hast du denn gemeint?«

Ich hielt mir die Ohren zu, aber ich hörte diese zischende Stimme dennoch. Sie bohrte sich in mein Gehirn: »Warum sagst du ständig, was du nicht meinst? Oder willst du sagen, du weißt selbst nicht, was du meinst? Erkläre mir das bitte …«

Vielleicht erstaunt es Dich, o Kalif, dass mein unsichtbarer Peiniger auf eine so lächerliche Art versuchte, mich zu verwirren. Doch der Böse hat mancherlei Arten, den Menschen zu versuchen und seinen Widerstand zu zerrütten, und eine der wirkungsvollsten ist die Methode der Schmeißfliege, die dir nicht wehtut, aber dich durch ihre Hartnäckigkeit verrückt macht, indem sie immer und immer wieder zurückkehrt, auf dein Gesicht, deine Hände … und bei jedem Versuch, sie zu erschlagen, gibst du dir nur selbst eine Ohrfeige.

Es half mir nichts, dass ich meinen Kopf unter den seidenen Kissen des Ruhelagers versteckte, die Stimme war nicht zum Schweigen zu bringen. Wenn ich keine Antwort gab, wiederholte sie ihre letzte Frage immer wieder, Hunderte, Tausende von Malen, immer gleichbleibend, körperlos und ohne Änderung der Betonung. Und wenn ich endlich zu antworten versuchte, drehte sie, was auch immer ich sagte, meine Worte so lange hin und her, bis sie jeglichen Sinn, jegliche Bedeutung verloren hatten und nur noch leere Geräusche waren.

Dann begann das Fragen von Neuem.

»Ich weiß, was du willst«, schrie ich endlich, »du willst mich in den Wahnsinn treiben.«

»Wer?«, fragte die Stimme.

»Du! Du! Du!«, keuchte ich. »Du bist Iblís, der Geist des Bösen.«

»Von wem redest du? Hier ist niemand, wie du weißt. Es kann mich auch gar nicht geben. Ich will es dir beweisen. Denn gäbe es mich, so nur durch den Willen des Allmächtigen. Doch kann Er das Böse nicht wollen, sonst wäre Er selbst böse. Oder ich existiere gegen Seinen Willen, dann wäre Er nicht allmächtig, sondern selbst nur ein Teil und ich sein Gegenteil. Wir könnten ohne einander nicht sein, würden uns aber zugleich gegenseitig aufheben. Also gibt es weder Ihn noch mich.«

Aber darauf ließ ich mich nun nicht mehr ein.

»Es wird dir nicht gelingen, mich gefangen zu halten. Ich werde jetzt fortgehen.«

»Geh nur!«, antwortete die Stimme. »Was bringt dich auf die Idee, ich wollte dich gefangen halten? Da sind viele Türen, du brauchst nur eine davon zu wählen.«

»Sie sind also nicht verschlossen?«

»Noch nicht.«

»Was heißt das?«

»Das heißt, dass keine verschlossen ist, solang du noch keine geöffnet hast.«

»Und wenn ich eine geöffnet habe?«

»Sobald du eine geöffnet hast, sind alle anderen im gleichen Augenblick für immer verschlossen. Es gibt kein Zurück mehr. Wähle also gut!«

Ich raffte mich zusammen, denn ich fühlte, wie meine Entschlusskraft durch die Zwiesprache mit dem Unsichtbaren schwächer und schwächer wurde. Ich schleppte mich zu irgendeiner der Türen und legte die Hand auf den Knauf.

»Halt ein!«, flüsterte die Stimme.

»Warum?«, fragte ich und zog erschrocken die Hand zurück.

»Überlege, was du tust! Danach ist es zu spät.«

»Warum denn nicht diese?«

»Habe ich dir etwa abgeraten? Aber sage mir erst, warum gerade diese?«

»Warum nicht?«, gab ich zurück. »Gibt es einen Grund, sie nicht zu wählen?«

»Das musst du selbst entscheiden.«

Ich zögerte.

»Da alle Türen einander gleichen, ist es wohl auch gleich, durch welche ich hinausgehe.«

»Vor dem Öffnen«, antwortete die Stimme, »sind sie alle gleich, aber nachher nicht.«

»Dann gib mir einen Rat!«, bat ich.

»Wen bittest du denn?«, hörte ich die Antwort. »Was dich jenseits der Tür erwartet, wirst du nur erfahren, indem du sie öffnest. Doch zugleich gibst du die Möglichkeit auf, zu erfahren, was dich hinter den anderen Türen erwartet hätte, da diese fortan verschlossen sind. Insofern magst du wohl recht haben, wenn du sagst, dass es gleich ist, welche du wählst.«

»Es gibt also«, rief ich den Tränen nahe, »gar keinen Grund, eine bestimmte Wahl zu treffen?«

»Keinen Grund«, erwiderte die Stimme, »als den, den du selbst aus deinem eigensten freien Willen heraus beschließt.«

»Aber wie« – schrie ich verzweifelt – »wie kann ich denn eine Entscheidung fällen, wenn ich nicht weiß, wohin diese mich führt?«

Jetzt war ein raschelndes Geräusch zu hören, das fast wie ein körperloses Gelächter klang.

»Hast du das denn je gewusst? Ja, dein Lebtag lang glaubtest du, Gründe zu haben, dich zu dem oder jenem zu entschließen – aber in Wahrheit konntest du niemals voraussehen, ob auch wirklich geschehen würde, was du erwartetest. Deine guten Gründe waren niemals mehr als Träume und Hirngespinste. So als wären Bilder auf diese Türen gemalt, die dich mit trügerischen Hinweisen narren würden. Der Mensch ist blind, und all sein Tun ist Tun ins Dunkle hinein. Einer feiert Hochzeit und weiß nicht, dass er schon zwei Tage später Witwer sein wird. Einer will sich aus Kummer und Not erhängen und weiß nicht, dass schon die Botschaft unterwegs ist, die ihn zum reichen Manne macht. Einer flieht auf eine einsame Insel, um seinem Mörder zu entgehen, und läuft ihm gerade dort in die Arme. Kennst du nicht die Geschichte vom Hufeisen, die Scheherazade dem Sultan erzählt?«

»Ich kenne sie«, warf ich rasch ein.

»Nun, darum sagt man, dass alles, wozu ein Mensch sich entschließt, seit Anbeginn der Welt schon vorgezeichnet steht im Weltenplan Allahs. Er ist es, sagt man, der dir jeden deiner Entschlüsse eingibt, sei dieser nun gut oder böse, töricht oder weise, denn Er führt dich wie einen Blinden nach seinem Willen. Alles ist Kismet, heißt es, und das sei eine große Gnade. Aber hier nun bist du dieser Gnade entzogen, und die Hand Allahs wird dich nicht führen.«

Ich stand auf und wandelte wieder an der Reihe der Türen entlang, links herum Tür neben Tür neben Tür, und dann rechts herum, Tür neben Tür neben Tür – und ich konnte mich nicht entscheiden. Das Übermaß an Möglichkeiten und der Mangel an Notwendigkeiten lähmte mich. Da sprach ich die folgenden Verse[18]:

Gefangen sind wir, verurteilt willkürlich zu wählen
unter zahllosen Ungewissheiten, die uns stets quälen.
Wie könnte ein Mensch sich jemals wissend entscheiden,
da ihm der Zukunft Kenntnisse immerdar fehlen.
Doch hätte er diese, so wäre sein Schritt schon gebunden,

weil alles bestimmt ist – so könnte er wieder nicht wählen.
Drum liegt dieses Wissen allein bei dem Herrn aller Welten,
Er lenkt die Gestirne und führt, wie Er will, unsre Seelen.

Nach endlosen Stunden der Wanderung im Kreise warf mich die Erschöpfung auf das Ruhelager. Oft lag ich dort viele Tage und Nächte reglos, wünschend ich wäre tot, um endlich der körperlosen Stimme zu entgehen, die nicht abließ, mich aufzufordern, eine Entscheidung zu treffen. Wenn ich sage »Tage und Nächte«, so ist dies freilich nicht wörtlich zu verstehen, denn dort gab es nichts, was mir durch solchen Wechsel ermöglicht hätte, die Zeit zu ermessen. Jenes dunstige grüne Licht, das den Augen wehtat, änderte sich niemals. Von Zeit zu Zeit sank ich in dumpfen Schlaf, bis die flüsternde Stimme mich zu neuer Qual der unmöglichen Wahl weckte. Dann fand ich vor meinem Ruhelager ein Tischchen mit Speisen und Getränken, ohne dass ich je in Erfahrung bringen konnte, wie es hereingekommen war. Auch ein Nachtgeschirr stand für meine Notdurft bereit, welches regelmäßig geleert und gereinigt war. Oft stellte ich mich nur schlafend in der Hoffnung, die Tür zu entdecken, durch welche man mich auf solche Weise versorgte, um diese dann für meine Flucht zu wählen, doch alle meine Versuche blieben vergeblich.

Obgleich es mir also an nichts Lebensnotwendigem fehlte, zehrte sich die Kraft meines Lebens doch nach und nach auf wie die Flamme einer Öllampe in einem luftlosen Verlies. Mein Haar und mein Bart begannen grau zu werden und meine Augen durch einen Schleier zu blicken. Ich fing an, nach geheimnisvollen Zeichen zu suchen, die mich bei meiner Wahl leiten konnten. Zum Beispiel untersuchte ich die Anordnung der Speisen und Getränke auf dem Tischchen, um irgendeine Botschaft daraus abzulesen. Ich stellte lange Berechnungen über ihre Lage, ihre Anzahl und ihre Form an. Schließlich studierte ich sogar die Beschaffenheit meiner eigenen Exkremente im Nachtgeschirr in der Hoffnung, einen Hinweis des Schicksals darin zu finden. Aller Aberglaube erwächst ja aus der Not, sich entscheiden zu müssen, ohne die Kraft, sich entscheiden zu können, und ist deshalb Teufelswerk.

Es versteht sich von selbst, o Gebieter aller Gläubigen, dass all dies mir nicht helfen konnte, denn was ich an Hinweisen und Vermutungen ausbrütete, wurde durch entgegengesetzte Hinweise und Vermutungen wieder aufgehoben, und am Ende war ich wieder nur auf die eigene Willkür angewiesen, der ich ohne Allahs Hilfe keine Entscheidung abringen konnte. Es ging mir nicht anders als dem Esel des Abu Ali Dhan[19] der inmitten zweier Heuhaufen verhungerte, weil er sich, von beiden gleichermaßen angezogen, keinem zuwenden konnte. Nur, dass ich nicht verhungern musste und meiner Wahlmöglichkeiten so viele waren – was beides die Sache für mich eher noch schlimmer machte.

Während meiner immer wiederkehrenden Wanderungen im Kreis – Tür nach Tür nach Tür links herum und dann wieder Tür nach Tür nach Tür rechts herum – lauschte ich der körperlosen Stimme, um aus einer winzigen Änderung ihres Tonfalls darauf zu schließen, welche Pforte es war, die ich öffnen sollte oder eben auf keinen Fall öffnen durfte. Ich verlegte mich aufs Bitten und Flehen, ich winselte wie ein geprügelter Hund, ich erniedrigte mich auf jede nur erdenkliche Weise vor meinem unsichtbaren Gefängniswärter (der mich ja freilich in Wirklichkeit keineswegs gefangen hielt), nur um ihn dazu zu bewegen, mir die immer unerträglicher werdende Last, mich entschließen zu müssen, um eine Winzigkeit zu erleichtern. Doch der Peiniger spielte noch sein boshaftes Spiel mit meiner Hilflosigkeit.

»Höre«, sprach er, »für alles, worum du mich bittest, ist es nun schon längst zu spät. Selbst wenn ich dir sagte, nimm diese oder jene Tür, so müsstest du dennoch aus dir selbst heraus entscheiden, ob du mir vertrauen oder mir misstrauen sollst, ob du meinem Rat folgen willst oder besser nicht. Selbst wenn ich also bereit dazu wäre, könnte ich dir nicht helfen.«

»Versuche es wenigstens!«, jammerte ich.

»Gut denn, du sollst nicht behaupten können, dass dir irgendeine Chance verweigert wurde. Gehe nun also zweiundsiebzig Türen weiter.«

Ich lief an der Reihe der Türen entlang und zählte eifrig. Als ich bei der zweiundsiebzigsten angelangt war, blieb ich außer Atem stehen.

»Ist es diese?«, stieß ich hervor.

»Du bist links herum gelaufen«, antwortete die Stimme, »es war aber die zweiundsiebzigste in der anderen Richtung gemeint.«

Ich lief also, diesmal rückwärts zählend, rechts herum, bis ich bei eins angekommen war, dann setzte ich meinen Weg in der gleichen Richtung fort – jetzt vorwärts zählend – bis ich abermals bei der zweiundsiebzigsten Tür anlangte.

»Diese?«, fragte ich.

»Nein«, erwiderte die Stimme, »du hast die Null vergessen und also falsch gezählt.«

»Eine Tür Null kann es nicht geben«, rief ich.

»Nicht?«, war die Antwort. »Soll ich es dir beweisen?«

»Nein, nein!«

»Dann fang noch einmal von vorne an!«

Aber da ich mich verzählt hatte, konnte ich nun natürlich die erste Tür nicht mit Sicherheit wiederfinden. Hatte ich eine zu viel gezählt oder eine zu wenig? Die Stimme wollte es mir nicht verraten. Gerade deshalb war ich nun plötzlich völlig überzeugt, dass ich den einzigen brauchbaren Hinweis leichtfertig verspielt hatte. Ich hatte einen Zipfel der Lösung in der Hand gehalten, und er war mir aus Unbedachtheit entglitten. Tränen des Zorns und der Enttäuschung traten mir in die Augen, und ich schlug meine Stirn viele Male auf den Boden.

»Wo muss ich anfangen?«, rief ich.

»Wo du willst«, war die Antwort.

»Aber du hast mir gesagt, ich solle durch die zweiundsiebzigste Tür gehen!«

»Davon habe ich kein Wort gesagt. Ich habe dir den Rat gegeben, zweiundsiebzig Türen weiter zu gehen. Ich hätte auch achtundzwanzig oder drei sagen können, nur um dir einen Gefallen zu tun. Von Öffnen habe ich nichts gesagt. Das bleibt deiner eigenen Entscheidung überlassen.«

Da begriff ich, dass der Quälgeist nur seinen Schabernack mit mir trieb und immer weiter treiben würde. Doch konnte ich ihn noch nicht einmal verfluchen, da er doch nur meinem eigenen kindischen Drängen nachgekommen war. Von da an verstummte ich und antwortete der Stimme nie mehr, obgleich sie immer weiter redete.

Ich will Dein Ohr, o Beherrscher der Gläubigen, nicht ermüden und Deine Geduld nicht erschöpfen, indem ich das Ende meiner Geschichte allzu lang hinauszögere. Aus der Tatsache, dass ich hier und heute zu Dir zu sprechen vermag, geht ja hervor, dass der Allerbarmer – gepriesen sei Sein heiliger Name! – nicht beschlossen hatte, mich für immer und ewig an jenem unheiligen Ort zu lassen, obgleich ich noch jetzt nicht zu sagen vermag, ob es Jahre, Jahrzehnte oder Jahrhunderte waren oder nur ein einziger Augenblick, den ich dort verweilte, wo es keine Zeit gibt. Mein Bart und mein Haar waren schneeweiß geworden, meine Haut runzlig und mein Körper alt und hinfällig – so wie Du mich nun hier vor Dir siehst, o Kalif. Erschöpft von dem unablässigen und unsinnigen Kampf gegen die Fesseln meiner Freiheit war es so weit mit mir gekommen, dass ich nichts mehr hoffte und nichts mehr fürchtete, nach nichts mehr strebte und vor nichts mehr floh. Der

Tod war mir ebenso willkommen wie das Leben, die Ehre nicht mehr wert als die Schande, der Reichtum so gleichgültig wie die Not. Ich vermochte keinerlei Unterschied mehr zu machen, denn in jenem unbarmherzigen Licht erschien mir alles, was Menschen begehren oder wovor sie sich entsetzen, gleichermaßen als wesenloses Blendwerk.

Zugleich war mein Interesse an den Türen mehr und mehr hingeschwunden. Immer seltener unternahm ich meinen Rundgang – Tür nach Tür nach Tür links herum, dann wieder Tür nach Tür nach Tür rechts herum –, bis ich ihn schließlich ganz unterließ und kaum noch zu ihnen hinblickte.

So bemerkte ich zunächst nicht, dass eine Veränderung mit den Türen vorging. Doch eines Tages, nach dem Erwachen, war es nicht mehr zu übersehen: Ihre Anzahl hatte sich merklich verringert. Ich benützte einen meiner Pantoffeln, die inzwischen völlig zerschlissen waren, wieder als Zeichen und zählte sie nach. Es waren nur noch vierundachtzig.

Von da an verrichtete ich die nämliche Prozedur nach jedem Erwachen, und jedes Mal waren es weniger Türen. Zwar sah ich nie, wie sie verschwanden, und niemals war danach in der Rundmauer irgendeine verbliebene Spur zu erkennen. Es schien, als habe es die verschwundene Tür überhaupt nie zuvor gegeben.

Vielleicht wirst Du, o Beherrscher aller Gläubigen, nach allem, was Du von mir gehört hast, annehmen, dass es mir nun, da ich doch alle Furcht und alle Hoffnung verloren hatte, ein Leichtes gewesen sein müsste, aufzustehen und einfach eine der wenigen noch verbliebenen Türen zu öffnen, welche auch immer. Doch das Gegenteil war der Fall. Gerade weil mir nun alles gleich galt, gab es für mich erst recht keinen Grund mehr, einen Entschluss zu fassen. War es zu Anfang die Angst vor dem ungewissen Ausgang gewesen, die mich gelähmt hatte, so war es nun am Ende die

Gleichgültigkeit gegenüber allem, was mir widerfahren würde, die es mir unmöglich machte, eine Wahl zu treffen.

Als schließlich nur noch zwei Türen, zu entgegengesetzten Seiten der Kuppelhalle, geblieben waren, stellte ich mit einem gewissen unbeteiligten Interesse fest, dass es im Grunde auf eines herauskam, ob man zwischen zahllosen Möglichkeiten unbekannter Art zu wählen hat oder nur zwischen zweien. Beides war gleichermaßen unmöglich. Erst als nur noch eine einzige Tür übrig geblieben war, erkannte ich, dass ich nun, ob ich wollte oder nicht, eine Entscheidung treffen würde, nämlich zu bleiben oder zu gehen.

Ich blieb.

Als ich das nächste Mal erwachte, gab es keine Türen mehr. Die Mauer war rundum glatt und weiß. Und nun erst verstummte endlich auch die körperlose Stimme. Vollkommene und ewige Stille umfing mich. Ich war sicher, dass sich von nun an nie wieder etwas ändern würde, dass ich den endgültigen Zustand erreicht hatte, ausgeschlossen für immer aus allen Welten diesseits und jenseits.

Da warf ich mich auf mein Angesicht, weinte und sprach diese Worte:

»Ich danke Dir, Allerbarmer, Höchster und Heiligster, dass Du mich von aller Selbsttäuschung geheilt und mir die trügerische Freiheit für immer genommen hast. Nun, da ich nicht mehr wählen kann und wählen muss, ist es mir endlich ein Leichtes, allem Eigenwillen für immer zu entsagen und mich in Deinen heiligen Willen zu ergeben, ohne zu murren und ohne ihn ergründen zu wollen. War es Deine Hand, die mich in diesen Kerker geführt und in diesen Mauern auf ewig eingeschlossen hat, so will ich's zufrieden sein. Wir Menschenkinder können nicht bleiben und können nicht gehen, es sei denn, Du gewährst uns die Gnade der Blindheit, durch die Du uns führst. Ich entsage auf ewig dem Wahn des freien Willens, denn er ist eine

Schlange, die sich selber frisst. Die vollkommene Freiheit ist die vollkommene Unfreiheit. Alles Heil und alle Weisheit gibt es nur bei Allah, dem Allmächtigen und dem Einzigen, und außer Ihm ist nichts.«

Danach fiel ich in einen totenähnlichen Zustand, doch als ich, wer weiß wie lange Zeit später, wieder zu mir kam, da fand ich mich als der blinde Bettler hier unter dem Stadttor von Bagdad, wo Du, o Beherrscher aller Gläubigen, heute meine Geschichte vernommen hast. Seit diesem Tage trage ich den Namen Insch'allah, und so nennen mich die Leute.

Der Kalif betrachtete den Bettler staunend, dann sprach er: »Wunderbar! Höchst wunderbar! Deine Geschichte soll aufgeschrieben werden. Bitte dir ein Geschenk von mir aus. Was immer du wünschst, ich will es dir geben.«

Der Bettler hob seine milchweißen Augen zum Beherrscher aller Gläubigen und antwortete lächelnd: »Allah möge Dir Deine Großmut vergelten, o Herr. Doch was willst Du mir geben, da ich doch das Höchste besitze, was einem Menschen zuteilwerden kann.«

Als der Kalif diese Worte vernommen hatte, staunte er noch mehr und schwieg lange Zeit stille. Endlich sprach er zu seinem Wesir:

»Mich dünkt, was diesem da widerfahren ist, war eine Fügung Allahs – gepriesen sei Sein Name! – um ihn zum einzigen wahren Reichtum zu führen.«

»Auch mir scheint es so, o Herr«, antwortete der Wesir.

»Wenn es aber so ist«, fuhr der Kalif fort, »so sage mir eines: Als Iblís, der Lügner, ihm erklärte, dieses Gefängnis der Freiheit sei ein Ort, der aus der Allmacht Allahs ausgespart sei wie eine Luftblase im Ozean, hat er da gelogen oder die Wahrheit gesagt?«

»Er hat weder gelogen, o Beherrscher aller Gläubigen«, erwiderte der Wesir, »noch hat er die Wahrheit gesagt.«

»Wie ist das zu verstehen?«, fragte der Kalif.

»Wenn es wirklich einen Ort gibt, der vom Willen des Allmächtigen nicht erfüllt ist«, sagte der Wesir, »so kann es ihn nur durch den Willen des Allmächtigen geben. Aber eben dadurch ist Sein Wille anwesend, denn ohne Ihn kann nichts bestehen – auch nicht jener Ort. Auch Seine Abwesenheit ist Seine Anwesenheit. In der Vollkommenheit des Höchsten gibt es keinen Widerspruch, auch wenn es dem begrenzten Menschengeist bisweilen so scheinen mag. Darum muss auch Iblís, der Täuscher, Ihm dienen und kann nicht ohne Ihn sein.«

»Wahrlich«, rief der Kalif, »Allah ist Allah und Mohammed ist Sein Prophet.«

Und er verneigte sich vor dem Bettler und ging davon, ohne ihm ein Almosen gegeben zu haben.

Insch'allah aber lächelte.

Die Legende vom Wegweiser

Vorzeiten lebte in der Stadt Augsburg ein reicher Handelsmann namens Nikolaus Hornleiper. Er war schon hoch in den Fünfzigern, als ihm sein angetrautes Weib an einer Seuche dahinstarb, die das ganze Land heimgesucht hatte.

Die Verbindung war kinderlos geblieben, und Hornleiper bedachte, dass er sein Geschäft, seine Besitztümer und sein großes Vermögen nicht ohne Erben lassen wollte. Darum heiratete er schon bald nach Ablauf der gebotenen Trauerfrist ein zweites Mal, und zwar eine Jungfrau von kaum achtzehn Jahren, Tochter einer angesehenen Kaufmannsfamilie aus der nämlichen Stadt.

Anna Katharina – so war der Name des Mädchens – konnte jedoch den viel älteren Mann nicht lieb haben, obgleich sie sich redliche Mühe gab, seinem und der Eltern Willen getreulich zu gehorchen. Je mehr sie sich aber anstrengte, desto mehr wuchs heimlich in ihrem Herzen die Abneigung gegen ihren Gemahl, denn dieser war zwar ein ehrlicher, aber grobianischer und poltriger Mann, der zum Jähzorn neigte und sogar mit Schlägen rasch bei der Hand war. Sie dagegen war von empfindsamer, schwärmerischer Seelenart und allem Schönen und Feinen, vor allem der Lautenmusik zugetan, bei der Nikolaus gewöhnlich einschlief und unbekümmert schnarchte.

Nach und nach verlor Anna Katharina alle Freude am Leben, wurde schweigsam und verlernte ganz das Lächeln. Auch ihre Stimme, mit der sie hübsch zu singen verstanden hatte, zerbrach und klang spröde wie die eines alten Weibes. Ihr Leib magerte ab und begann hinzuschwinden. Der Einzige, der den wahren Grund für all das kannte, war ihr Beichtvater, der aber wusste auch nichts Besseres, als sie hart auszuschelten und ihr mit höllischen

Strafen wegen ihrer angeblichen Hoffart zu drohen, was das arme Kind freilich nicht munterer machte.

Dann geschah es, dass sie schwanger wurde. In den folgenden Monaten schwoll ihr Leib immer mehr an, während ihre übrige Gestalt zusehends hinwelkte. Als dann endlich ihre schwere Stunde kam, die zugleich ihre letzte sein sollte, ereignete sich etwas höchst Seltenes: Ein Wintergewitter ging über der Stadt Augsburg nieder, es schneite, blitzte und donnerte. Und eben in dem Augenblick, da ein mächtiger Wetterstrahl die Linde vor dem Hause spaltete, trat ihr erstes und einziges Kind, ein Söhnlein, ins Leben, während sie selbst über die Schwelle des Todes aus dieser Welt hinausging, gewissermaßen durch ein und dieselbe Pforte. Und wer, außer Gott, kann wissen, ob die zwei Seelen sich bei dieser Begegnung anblickten und was dieser Blick für beide bedeutete. So jedenfalls vollzog sich die Geburt jenes Knaben, aus dem später jener ruhelos umgetriebene Abenteurer und weltbekannte Scharlatan Conte Athanasio d'Arcana wurde und der zuletzt unter dem Namen Indicavia, der Wegweiser, ein rätselhaftes Ende fand. Seine Geschichte soll hier, so gut es unser dem Zeitlichen unterworfenes Wissen erlaubt, berichtet werden.

Nikolaus Hornleiper trauerte nicht allzu sehr um sein zweites Weib, das ihm fremd geblieben war, aber er erfüllte doch alle Riten, die ein ehrbarer Christenmensch in solchem Falle zu beachten hat. Auch war er's im Grunde zufrieden, dass er nun seine Absicht erreicht und einen Stammhalter und Erben gezeugt hatte, was ja der eigentliche Zweck dieser Ehe gewesen war. Das Söhnlein ließ er auf den Namen Hieronimus taufen und bestellte eine Amme, die das Kind pflegen und aufziehen sollte. Danach kümmerte er sich fürs Erste kaum noch um den Säugling. Seine Geschäfte nahmen ihn zu sehr in Anspruch. Zu einer dritten Ehe mochte er sich übrigens fortan nicht mehr entschließen.

Die Amme, Theres mit Namen, war eine stämmige, treuherzige Person vom Lande, deren mütterliche Wärme für zehn und mehr Kinder gereicht hätte. Sie aber schenkte sie ganz allein dem kleinen Hieronimus und ersäufte ihn fast darin. Sie schleppte ihn überall mit sich herum und ließ ihn nicht eine Minute des Tages oder der Nacht allein. Sie nährte ihn an ihren mächtigen Brüsten, wann immer er danach begehrte, auch als er schon längst über das Säuglingsalter hinaus war. Aber an Hieronimus glitt all diese Zuwendung auf eine ihr unbegreifliche Art ab. Er war anders als alle anderen Kinder, die sie je gekannt hatte. Dieser Knabe war von Anfang an ein Fremdling auf Erden, er war unerreichbar für sie und ihre animalische Zuneigung, nicht weil er sie zurückwies, sondern weil er wie durch einen sternenweiten Raum von ihr getrennt war. Und je heftiger sie sich bemühte, diesen leeren Raum zu durchdringen, desto unermesslicher wurde er. Dieses Kind war für sie sehr schwer zu lieben, und Theres empfand bisweilen auf ihre dumpfe Art so etwas wie heilige Scheu vor dem Kleinen.

Tatsächlich war Hieronimus von einer nahezu engelhaften Zartheit und Empfindlichkeit, und das nicht nur körperlich – mehr als einmal schien er in den ersten Lebensjahren nahe daran, seiner Mutter in die himmlischen Gefilde nachzufolgen, ohne dass die herbeigerufenen Ärzte irgendeine Krankheit konstatieren konnten, so als weigere sich das Kind ganz einfach, seine irdische Existenz anzunehmen – sondern mehr noch, was die Beschaffenheit seiner Seele betraf.

Er schrie und weinte fast nie, wie andere Kinder das tun. Von Anfang an umgab ihn gleichsam eine Aura von Melancholie, aus seinen dunklen Augen sprach eine Art untröstlicher Trauer, die Theres nicht begreifen konnte und die sie manchmal zur Verzweiflung trieb. Dann schüttelte sie ihn, um ihn gleich darauf zu umarmen.

Es gibt Menschen, die sich auf dieser Welt heimatlos fühlen, ohne selbst zu wissen, warum. Was alle anderen um sie her Wirklichkeit nennen, erscheint ihnen als eine Täuschung, ein wirrer und oftmals quälender Traum, aus dem sie gerne erwachen würden. Sie fühlen sich dazu verurteilt, in ihm zu verweilen, als handle es sich um eine Verbannung in eine feindliche Fremde. Mit unaufhörlichem Heimweh sehnen sie sich nach einer anderen Wirklichkeit, an die sie sich zu erinnern glauben wie an eine ferne Heimat, ohne doch irgendetwas Sagbares oder Denkbares davon vorbringen zu können. Dies war die Kondition, unter der Hieronimus ins Leben getreten war und die auch späterhin der Hintergrund seines Daseins blieb. Freilich war das alles weder der guten Theres noch ihm selbst im Mindesten bewusst.

Das Kind wuchs zu einem feingliedrigen Knaben heran, doch blieb ihm dieser eigentümliche Blick, der wie aus einer fernen Welt in die unsere hereinzuschauen schien und der eine ständige Frage oder wohl eher eine wortlose Erwartung ausdrückte. Dies und weil er recht schweigsam war, führte dazu, dass viele Menschen ihn für ein wenig blöde hielten. Man bemitleidete den Vater wegen eines solchen Erben. Doch das geschah nur hinter Nikolaus Hornleipers Rücken, er erfuhr nicht davon. Die anderen Kinder hielten sich von Hieronimus fern, spotteten ihn aus oder fürchteten sich ein wenig vor ihm. So blieb er ein einsames Kind, doch da er's nicht anders kannte, nahm er es hin als Teil seiner rätselhaften Verbannung.

Nach und nach aber machte die gute Theres dennoch einen Weg zum Herzen ihres Lieblings ausfindig, mehr durch Zufall als durch Absicht. Zwar konnte sie weder lesen noch schreiben – in jener Zeit waren diese Künste dem einfachen Volk nicht zugänglich –, aber sie wusste eine schier unerschöpfliche Menge von Geschichten über wunderbare Begebenheiten, Elfen und Zwerge, Engel und Dämonen, Heilige, Hexen und Zauberer, Geister und verwunschene Orte, kurzum sie erzählte ihm alles das, was man gemeinhin als Ammenmärchen zu bezeichnen pflegt. Und Hieronimus wuchs auf in einer Welt der Wunder und Geheimnisse, noch ehe er den Sinn der Geschichten recht verstehen oder selbst vernünftig reden konnte. Er erlernte gleichsam anhand dieser Märchen das Sprechen.

Wenn Theres unerschöpflich war an Erzählungen, so war der Knabe ein wahrer Nimmersatt im Zuhören. Immer von Neuem war er begierig, ihr zu lauschen, und bat und drängte sie inständig fortzufahren, selbst wenn er die Begebenheit schon Hunderte Male vernommen hatte und längst auswendig konnte. Seine Augen glänzten beim Zuhören wie die ihren beim raunenden Singsang. Er sehnte sich inbrünstig nach jener Welt, in der das Übernatürliche alltäglich und das Wunderbare selbstverständlich war. Dort gehörte er in Wahrheit hin, dort war er zu Hause. Es gab für ihn nicht den geringsten Zweifel, dass diese Welt existierte, ja, dass sie in der äußeren Wirklichkeit darin steckte wie die glänzende Kastanie in ihrer stachligen Schale. Man musste sie nur hervorzaubern. Und der Entschluss, das zu tun, reifte in Hieronimus zum ersten Mal, als Ramboldchen, sein kleiner Hund, schlimm erkrankte.

Theres hatte ihm natürlich auch alles erzählt, was sie aus dem Leben unseres Herrn und Heiland wusste, vor allem die Zeichen und Wunder. Und beide, er und sie, waren davon überzeugt, dass ein wahrhaft gläubiger Christenmensch gerade daran erkennen konnte, dass er den rechten Glauben besaß, dass er – wie Jesus selbst es uns verheißen hat – in seinem Namen ein Gleiches und sogar noch Größeres zu wirken vermag. Also betete Hieronimus andächtig zu Gott, legte dem Hündchen die Hände auf und bat vertrauensvoll um dessen Genesung. Doch Ramboldchen verröchelte sein kleines Leben unter qualvollen Zuckungen noch während der Berührung.

Das erschütterte Theres nicht so sehr, sie fand bald allerlei Begründungen, warum es ausnahmsweise in diesem besonderen Fall nichts damit geworden war, aber bei Hieronimus ging die Enttäuschung tief, er konnte sich nicht so einfach damit abfinden.

Im Gottesdienst hatte er vernommen, dass der Glaube, auch wenn er nicht größer als ein Senfkörnlein sei, Berge versetzen könne. Nun beunruhigte ihn höchlichst die Frage, ob sein Glaube denn irgendeinen Fehler enthalte, denn das war die einzige Erklärung dafür, dass Ramboldchens wunderbare Heilung misslungen war. Hieronimus wollte diesen Fehler unbedingt erforschen.

Zwar nahm er sich nicht gleich einen Berg vor, denn seine Erwartung war bescheidener geworden, doch lag hinter dem väterlichen Haus im Garten ein Sandhaufen, in dem er oft spielte. Diesen Haufen wollte er nun versetzen, nicht weit, nur ein paar Schritte. Abends im Bett betete er lang und mit lauter Stimme darum, dass der himmlische Vater ihm dieses kleine Zeichen seiner Zuneigung gewähren möge. Für Gottes Allmacht handle es sich ja nur um eine Kleinigkeit, aber für ihn, Hieronimus, sei es von größter Bedeutung. Am nächsten Morgen lief er voll froher Erwartung hinter das Haus. Der Sandhaufen lag unverändert, wo er zuvor gelegen hatte.

Von da an begann Hieronimus zu grübeln, und alle Versuche seitens der Amme, ihn auf andere Gedanken zu bringen, schlugen ins Leere. Er holte sich aus der Küche ein Senfkörnlein und betrachtete es tagelang immer wieder. Sein Glaube, dessen war er ganz sicher, war größer, hundert- oder tausendfach größer. Warum dann wurde er von Gott nicht angenommen?

In seiner Verwirrung kam ihm der Gedanke, er müsse dem Herrn beweisen, wie ernst es ihm mit seinem Verlangen nach einem Wunder sei. Eines Tages, als der Lech gerade Hochwasser führte, schlich er sich heimlich aus dem Hause zum Ufer, fuhr mit einem Kahn auf die Mitte des Flusses, gedachte an Petrus, der gesagt hatte: »Herr, ich glaube, hilf meinem Unglauben!«, und trat dann ohne zu zaudern mit einem Schritt über den Rand des Kahns auf die schäumende Wasserfläche hinaus, um auf den Wellen zu wandeln. Stattdessen ergriff ihn ein Strudel und sog ihn in die Tiefe, und um ein Haar wäre er elendiglich ersoffen, hätten ihn nicht Fischer, die in der Nähe alles beobachtet hatten, eiligst herausgezogen.

Als man ihn nach Hause brachte und Theres alles erfuhr, schalt sie Hieronimus gehörig aus, trocknete ihn ab und legte ihn ins Bett. Insgeheim aber war sie stolz auf ihn, denn sie vermeinte, dass aus einem Kinde mit solcher Glaubenskraft dermaleinst noch ein Prälat oder gar ein Papst werden könne. Dem Vater aber, Nikolaus Hornleiper, der gerade wieder einmal auf einer Geschäftsreise war, sagte sie bei seiner Heimkehr nichts von alledem.

Die Zeit verging, Hieronimus war nun schon fast acht Jahre alt. Die meiste Zeit trieb er sich allein in den Wäldern und auf den Feldern rings um die Stadt herum. Er hatte längst darauf verzichtet, selbst irgendetwas Wunderbares vollbringen zu können. Offenbar war er dazu nicht ausersehen, den Grund dafür wusste Gott allein. Aber noch immer hoffte er innig, wenigstens einmal im Walde einem Gnom zu begegnen, der mit ihm sprach und ihm einen Zauberring schenkte, oder die Elfen bei ihrem Reigen zu beobachten. Es hätte ihn für den Rest seines Lebens getröstet, so meinte er, sich an diesen einen Augenblick zu erinnern. Aber nichts dergleichen geschah.

Auf einem dieser Streifzüge wurde er von einer giftigen Schlange gestochen. Es ist nicht sicher, ob es sich dabei um einen Unglücksfall handelte oder ob er sich absichtlich dieser Gefahr aussetzte, um die Bewohner der Wunderwelt herauszufordern, ihn entweder zu retten oder eben sterben zu lassen. Vielleicht hatte er die Worte des Apostels vernommen, dass eine der vielen übernatürlichen Gaben, die Gott seinen wahren Kindern verliehen hat, die ist, sogar gegen den Biss giftiger Vipern gefeit zu sein. Unter zunehmenden Schmerzen schleppte er sich ins Haus seines Vaters zurück, wo er besinnungslos zusammenbrach.

Diesmal konnte die Geschichte dem Vater nicht verborgen bleiben. Die herbeigerufenen Ärzte waren ratlos, da es schon zu spät war, die Bisswunde aufzuschneiden und auszusaugen. Die verordneten Gegengifte konnten nur noch wenig ausrichten und bei der zarten körperlichen Verfassung des Knaben musste man mit dem Schlimmsten rechnen.

Tage und Nächte lag Hieronimus im Fieber, warf sich hin und her und schrie. Dann wieder versank er für Stunden in totenähnliche Starre. Hornleiper ließ einen Priester kommen. Danach ging es dem Knaben unverhoffterweise ein wenig besser, er kam sogar zu klarem Bewusstsein. Seine erste Frage galt Theres.

»Ich habe sie fortgeschickt«, sagte der Vater, »für immer und weit genug, dass du sie nimmer wirst wiedersehen.«

»Warum, Herr Vater?«, flüsterte Hieronimus.

»Weil ich's aus ihr herausgefragt habe«, sprach Hornleiper, »dass sie an all deinen Faxen und Alfanzereien schuld ist, weil sie dir das Hirn vollgeseicht hat mit ihrem Gewäsch von Wunderdingen und Flausen. Hab mich zu wenig deiner angenommen, das ist wohl wahr. Soll auch jetzt anders werden, Söhnlein. Bist doch mein einziger Erbe und Stammhalter und sollst nach mir ein braver Handelsmann werden. Darum ist's nun Zeit, dass du dich mit der Wirklichkeit dieser Welt anfreundest.«

»Aber ich mag sie nicht, diese Welt«, sagte Hieronimus, »ich hab alleweil Sehnsucht nach der anderen.«

»Jetzt hör mir gut zu, Knabe«, fuhr Hornleiper ihn hart an, »wir sind nicht zum Spielen auf Erden, Wunder und himmlische Eingriffe gehören in die Religion. In den Kontorbüchern haben sie nichts verloren, davor möge Gott uns schützen. Da muss alles seine Richtigkeit haben, merk dir's.«

»Hat denn, was in der Heiligen Schrift steht, nicht seine Richtigkeit?«

»Gewisslich doch.«

»Aber Herr Vater, kann es denn zweierlei Richtigkeit geben?«

Nikolaus Hornleiper schoss das Blut in die Stirn, dass ihm die Ader schwoll, und er musste sich redliche Mühe geben, seine Hand stille zu halten.

»Ein für alle Mal«, sagte er heiser, »hör auf mit dem närrischen Altweiberschwatz. Ich verbiet's dir und basta! Der Heiland selbst hat gesagt, dass der selig ist, der da glaubt, ohne Zeichen und Wunder zu sehen.«

»Ich glaube ja, Herr Vater.«

»Also dann, wozu suchst du allenthalben, was zu nichts nütze ist? Gib dich zufrieden, Sohn, mit der Welt, wie sie nun einmal ist, da du doch keine andere hast, und werde ein Mann und ein tüchtiger und ehrlicher Handelsherr. Das genügt schon für den Himmel.«

Hieronimus schloss die Augen und schwieg eine kleine Weile. Der Vater glaubte schon, ihn überzeugt zu haben, doch dann schüttelte der Knabe schwach den Kopf und flüsterte: »Ich weiß nicht, wie ich's Euch sagen kann, Herr Vater, aber ich kann so nicht leben. Es ist mir halt, als müsst ich immer warten und hoffen auf einen lieben Gruß aus der wahren Heimat, nur zum Zeichen, dass man dorten nicht ganz auf mich vergessen hat, während ich hier in der Fremdnis bin.«

Nikolaus Hornleiper verstand in der Tat nicht, was sein Sohn sagen wollte, darum erwiderte er in strengem Ton:

»Und was zum Henker ist denn so besonders an dir, dass gerade du würdig wärst einer solchen Nachricht?«

Wieder dachte Hieronimus lange nach, ehe er unter großer Anstrengung antwortete: »Die Zeichen und Wunder, von denen die Heilige Schrift erzählt – sind sie nicht auch ganz gewöhnlichen Menschen widerfahren?«

»Dickschädel!«, schrie Hornleiper, den nun doch der Zorn übermannte. »Weißt du immer ein Wort auf das Wort deines Vaters? Das, wovon du da redest, waren Zeiten der Gnade, als unser Herr selbst auf Erden wandelte. Jetzt sind andere Zeiten.«

»Verzeiht mir, Herr Vater«, murmelte Hieronimus schwach, »aber wie könnt denn das sein, dass die himmlischen Zeichen von guten oder schlechten Zeiten auf der hiesigen Welt abhängen?«

Da sprang Hornleiper auf, ballte die Fäuste und rannte aus der Krankenstube, um sich nicht am Ende doch noch zu vergreifen an seinem missratenen Sohn.

Gleich am folgenden Tag bestellte er einen Hauslehrer für Hieronimus, damit dieser in Lesen, Schreiben, Rechnen, Geografie und auch in der welschen Sprache unterrichtet werde, da er Handelsbeziehungen nach Genua und Venedig unterhielt. Und er wählte dafür einen Studiosus der Theologie, weil er bei einem solchen am sichersten darauf zählen konnte, dass er seinem Schüler alle Schwarmgeisterei und allen Aberglauben austreiben werde. Die Wahl fiel auf einen Kanonikus namens Anton Egerling, der einer jener Menschen war, die schon in jungen Jahren greisenhaft und verknöchert erscheinen. Für ihn bedeutete Religion vor allem die Befolgung einer rigiden Moral, allem Mystischen oder gar Magischen war er zutiefst abhold. Späterhin wurde er übrigens als Mitarbeiter ans Heilige Uffizium in Rom berufen, wo er sich in der Widerlegung und Bekämpfung heterodoxer Lehren hervortat. Während der folgenden Jahre lehrte Egerling also den

Knaben all die Dinge, die er ihn lehren sollte, ohne je ein persönliches Wort mit seinem Zögling zu wechseln. Hieronimus erwies sich als ein schlechter Schüler. Nicht, dass er sich widersetzt hätte, ganz im Gegenteil, er bemühte sich, so gut er konnte, aber ihm kam es vor, als müsse er Häcksel fressen. Er kaute und kaute und würgte und schluckte doch nur leeres Stroh, das ihm in der Kehle stecken blieb. Egerling aber legte eine Art von gleichgültiger Geduld an den Tag. Ohne zu schelten, mit teilnahmslosem Gesicht begann er jedes Kapitel von vorn und abermals und abermals, so wie man ein ungelehriges Tier abrichtet, bis es schließlich mechanisch tut, was von ihm erwartet wird. Hieronimus gewann nichts bei diesem Unterricht, er verlor nur etwas, nämlich seine Fähigkeit zu träumen. So wie ein Hungriger von Brot träumt, ohne doch davon satt zu werden, so hatte er bisweilen in den nächtlichen Träumen seine Sehnsucht nach Wundern gestillt, ohne beim Erwachen etwas in Händen zu halten. Jetzt entzog sich ihm selbst dieser zweifelhafte Trost.

Mit fünfzehn Jahren erlebte Hieronimus seine erste Liebesgeschichte mit einem Nachbarstöchterchen, einem hübschen, in seinen Gefühlen eher hausbackenen Mädchen. Da der Jüngling noch immer insgeheim nach dem Wunderbaren suchte, was er bei ihr jedoch nicht finden konnte, endete diese vollkommen keusche Geschichte alsbald mit einer herben Enttäuschung, die übrigens beiderseitig war. Hieronimus verschloss sich noch mehr in sich selbst.

Er war gerade siebzehn Jahre alt geworden, als sein Vater, der alte Nikolaus Hornleiper, ganz plötzlich an einem kurzen, wütenden Fieber verstarb. Über Nacht sah Hieronimus sich nun im Besitz eines großen Vermögens. Viele Handelshäuser in Deutschland, aber auch in Venedig und Genua trugen ihm in der Folgezeit die eheliche Verbindung mit ihren Töchtern an, um durch solche Familienbande die gemeinsame finanzielle Macht zu festigen oder noch auszuweiten. Doch Hieronimus zeigte sich völlig uninteressiert. So verging ein weiteres Jahr, und dann geschah etwas, was ganz Augsburg in Aufregung versetzte. Hieronimus erklärte öffentlich, dass er auf das väterliche Erbe verzichte, und verschwand, ohne sich auch nur im Geringsten um das Vermächtnis zu kümmern, buchstäblich über Nacht aus der Stadt mit nichts als dem, was er auf dem Leibe trug. Allen Bemühungen der Magistratur und der Angestellten seines Vaters zu Trotz, blieb er unauffindbar.

Und das ging so zu:

Wenige Tage zuvor war eine Gauklertruppe in die Stadt gekommen, die alltäglich ihre Vorstellungen auf dem Marktplatz gab. Unter den Akrobaten, Seiltänzern, Spaßmachern und Feuerschluckern fiel besonders ein alter Zauberkünstler und Wunderheiler auf, der schier unglaubliche Mirakel zuwege brachte, wie man dergleichen noch nie gesehen und gehört hatte. Er reiste in einem hohen, kastenförmigen, pechschwarzen Wagen, der von zwei Rappen gezogen wurde und ihm gleichzeitig als Bühne, Laboratorium, Schlafraum und Arsenal seiner magischen Geräte diente. Die Nachricht von seinen Wundertaten drang auch zu Hieronimus und der begab sich spornstreichs an den Ort der Darbietung.

Doktor Tutto Eniente – was man mit »Alles und nichts« oder auch mit »Alles ist nichts« übersetzen konnte – war ein kleiner, ausgetrocknet wirkender Mann mit einem Gesicht voll unzähliger Falten und Fältchen, in dem ein Paar hellwacher, spöttischer Augen funkelte, und ungemein feingliedrigen, äußerst beweglichen Händen. Er trug eine seltsame Lederkappe auf seinem kahlen Schädel und einen weiten Mantel aus nachtblauem Sammet, der reich mit Symbolen unbekannter Art bestickt war. Seine Stimme klang überraschend sonor und weithin hörbar, und seine

Rede war ein krauses Gemisch aus deutschen und welschen Brocken, denn er stammte, wie er erklärte, von der untersten Spitze des Stiefellandes, der Heimat der Fata Morgana.

Mit klopfendem Herzen und von Mal zu Mal sich steigernder Erregung kehrte Hieronimus zu jeder Vorstellung Tutto Enientes wieder und schaute mit angehaltenem Atem zu, wie dieser tote Tauben vermittels eines Zauberextraktes wieder zum Leben erweckte, wie er Wasser in Wein verwandelte und Steine in Brot, wie er durch einen Schlag seines Stabes eine Quelle aus dem nackten Erdboden entspringen ließ und wie er von der Zinne des Kirchendaches herunterschwebte, ohne seinen Fuß an einen Stein zu stoßen, wie er sich ein Ohr mit dem Schwert abhauen ließ und es sich durch Aufstreichen einer Wundersalbe wieder anheilte, ohne dass auch nur eine Narbe zurückblieb. Seine Kunst schien unerschöpflich. Er ließ sich einen Fisch vom Marktplatz bringen und fand darin, wie er's vorhergesagt hatte, ein Goldstück. Er machte, dass aus einem Samenkorn ein Obstbäumchen aufwuchs, innerhalb kurzer Zeit. Er weissagte den Leuten ihre Zukunft aus dem Lauf der Gestirne und aus den Linien ihrer Hände, und er ließ die Geister Verstorbener erscheinen und reden. Nebenher verkaufte er die Zauberelixiere und Salben, die Pulver und Amulette und allerlei andere seltsame Dinge, mittels derer er all das bewirkt hatte.

Tutto Eniente war von Berufs wegen darin geübt, jeden einzelnen seiner Zuschauer scharf zu beobachten, ohne dass der etwas davon bemerkte. So war ihm der Jüngling, der bei all seinen Vorstellungen in der ersten Reihe stand und bisweilen mit einer Ohnmacht zu kämpfen schien, natürlich nicht entgangen. Er, der andere in Verwunderung setzte, wunderte sich schon lange über nichts mehr. Darum überraschte es ihn keineswegs, als nach der letzten Darbietung des letzten Abends, während er schon zusammenpackte, eben jener junge Mensch auf ihn zutrat und ihn inständig bat, mit ihm gehen und sein Schüler werden zu dürfen. Dieses Angebot kam ihm sogar gelegen, denn für einige seiner Kunststücke brauchte er unbedingt einen Assistenten. Seine bisherige Gehilfin, ein junges Weib aus Frankreich, war ihm wegen einer Liebesgeschichte abhandengekommen. Seither hatte er die wirkungsvollsten Nummern aus seinem Programm streichen müssen. Er willigte daher ohne langes Hin und Her ein und sagte Hieronimus, in Wahrheit sei er überhaupt nur um seinetwillen nach Augsburg gekommen, da seine kabbalistischen Studien ihm gezeigt hätten, dass er hier seinen Schüler und Weggenossen finden werde.

So also kam es, dass Hieronimus in jener Nacht nicht nur sein väterliches Erbe, sondern auch seinen bisherigen Namen, ja seine ganze vormalige Existenz von sich warf und im Morgengrauen für immer seine Heimatstadt verließ. Da man ihn dort nach einiger Zeit für tot oder verschollen hielt, wurde das Vermögen Hornleipers einem entfernten Verwandten zugesprochen, der es allerdings durch Mangel an Geschäftssinn binnen Kurzem zugrunde richtete.

Während der folgenden Jahre zog Hieronimus nun unter dem Namen *»il Matto«* mit Doktor Tutto Eniente durch die Länder Europas. Dieser Name bedeutet so viel wie »Narr« oder »Tor«, und der Meister hatte ihn seinem Schüler mit gutem Grund gegeben, denn dies war die Rolle, die er während der Vorstellungen zu spielen hatte. Er war der Tölpel, dem alles misslang, bis der allwissende Doktor eingriff und die Sache wieder in Ordnung brachte; er war das Opfer, das vor Angst schlotterte; er war der Schalksknecht, der Prügel bezog; all das, versteht sich, nicht ernsthaft, sondern zum Gaudium des Publikums und um Tutto Enientes Glanz zu erhöhen.

Häufig landfahrteten sie allein mit ihrem Wagen von Ort zu Ort und von Jahrmarkt zu Jahrmarkt, bisweilen aber schlossen sie sich auch vagierenden Gauklertruppen an. Und da Tutto Eniente ein praktisch denkender Mann war, benützte er solche Gelegenheiten, um dafür zu sorgen, dass sein Schüler, dessen knabenhafte Unschuld ihm natürlich nicht entgangen war, durch die entsprechenden Damen in die Geheimnisse der fleischlichen Liebe eingeweiht wurde, wobei diese Einweihung nicht gerade zimperlich und schon gar nicht von wunderbarer Art war. Wenn Matto noch irgendeine zarte Hoffnung gehegt hatte, auf diesem Gebiet vielleicht irgendwann seine Sehnsucht nach dem Geheimnisvollen und Märchenhaften stillen zu können, so verbrannte diese Illusion nun binnen Kurzem zu einem kläglichen Häuflein Asche.

Aber noch eine andere Einweihung erwies sich als unausweichlich, und obgleich sie nur Schritt für Schritt vollzogen wurde, empfand er sie fast als noch enttäuschender und ernüchternder. Da Tutto Eniente seines Schülers wissende Mitarbeit benötigte, musste er ihm wohl oder übel offenbaren, auf welche Weise und durch welche Mittel er alle seine Mirakel zuwege brachte. Nach und nach lehrte er ihn alle seine Tricks und Taschenspielereien. Matto schwieg zu allem, aber er erwies sich als außerordentliche Begabung. Schon nach drei Jahren war er seinem Meister nicht nur ebenbürtig, sondern in manchen Fingerfertigkeiten sogar überlegen. Der alte Scharlatan war damit sehr zufrieden, denn so hatte er nun einen würdigen Nachfolger in seiner Kunst gefunden, auf den er stolz war wie auf einen Sohn, der zwar nicht seinen Lenden, aber doch seiner schöpferischen Kraft entsprungen war. Auch fühlte er, dass das Ende seiner langen Erdenreise nicht mehr allzu fern war und dass er seinen Zauberstab bald würde übergeben müssen. Nicht ohne Sorge beobachtete er deshalb den jungen Mann, der, wenn er sich allein und unbeobachtet glaubte, oft stundenlang reglos mit leerem Blick vor sich hinstarrte.

Eines Abends, als sie eines heftigen Regensturms wegen in einer Scheune am Wegesrand zu nächtigen beschlossen hatten, fragte der Alte: »*Figliolo mio, dimmi un po'* – was hast du erwartet, als du zu mir kamst?«

»Wie meint Ihr das, Meister?«

»Hast du wirkliche Wunder erwartet?«

Matto schwieg eine Weile und dachte nach, dann zuckte er resigniert die Schultern. »Ich weiß nicht mehr, was ich erwartet habe. Und ich weiß nicht, was ich jetzt noch erwarte.«

»*Ascoltami, Matto* – hör mir zu. Du und ich, wir sind Künstler, *siamo artisti, ecco*. Ein Künstler darf nicht an Wunder glauben, sonst kann er keine produzieren. Darum, wer an Wunder glaubt, wird niemals ein wirklicher Künstler – *maie poi mai!*«

Matto starrte schweigend vor sich hin. Der Alte fuhr eindringlich flüsternd fort: »Hast du noch nicht verstanden? Unser *mestiere* ist die Lüge, die Illusion. Alle Kunst ist so. Ein Maler malt ein Bild, die Leute staunen es ergriffen an, bezahlen manchmal sogar viel Geld dafür, aber *in realta*, was ist es? Ein Stück Leinwand und ein bisschen Farbe. Alles andere ist nicht da, *non esiste! E soltanto un' illusione!* Ein Schauspieler bringt die Leute zum Lachen und zum Weinen, *ma tutto e finto!* Oder die großen Dichter, sie erzählen lange Geschichten, die nie passiert sind und nie passieren können. Ist alles gelogen, *ecco!* Und warum auch nicht? Die Welt will betrogen sein, *Matto mio*. Nur gibt es gute und schlechte Lügner, und ein wahrer Künstler, *un vero artista*, der muss ein Meisterlügner sein. Er muss die Leute überzeugen, dass sie ein wirkliches Wunder vor sich haben. Die Leute wollen es, und wir, Matto, wir erfüllen ihnen den Wunsch. Wir wissen, wie es gemacht wird. *Ecco tutto!*«

»Und wahre Wunder«, fragte der Junge, »gibt es sie nicht?«

»*Ragazzo*«, sagte der Alte mit einem Seufzer, »ich bin mehr als dreimal so alt wie du, und ich bin in der Welt herumgekommen, *ho girato il mondo*. Ich habe von Heiligen gehört, die beim Lesen der Messe vor lauter Begeisterung zu schweben anfangen – *purtroppo*, leider, wenn ich dazukam, um mir's anzusehen, dann war's gerade nichts damit, ausnahmsweise. Sie haben durch Handauflegen geheilt, aber die Kranken sind drei Tage später doch gestorben, *poveracci*. Ich habe von berühmten Alchemisten gehört, die Gold aus Blei machen durch Aufwerfen eines roten Pulvers, *la pietra filosofale*, und ich bin hingereist und habe zugesehen, da war's ein Trick, den ich sogar besser konnte. *In oriente* – auch dort bin ich gewesen – da hab ich von großen Meistern der geheimen Lehre gehört. *Sono andato a cercarli* – hab sie aufgesucht, und sie haben geredet und geredet und die ganze Welt erklärt, *il cielo e la terra*, und sie haben Brüderlichkeit gepredigt, *quei santoni lì*, und Duldsamkeit und Menschenliebe, aber untereinander waren sie alle verzankt und haben gestritten wie die Fischweiber und gegeneinander intrigiert wie die Hofschranzen, *e perché?* Weil jeder der einzige wahre Jakob sein wollte und der allereingeweihteste Eingeweihte. Ich habe mit Propheten geredet, die angeblich bis dato immer alles richtig vorhergesagt haben, weil Gott *personalmente* oder *la madonna santa* ihnen geoffenbart hat, was demnächst geschehen wird oder wann die Welt untergeht und der jüngste Tag anbricht, *il giudizio universale*. Sie haben selbst daran geglaubt, *sì, ci credevano davvero!* Und ihre Anhänger auch, die haben sich schon fleißig vorbereitet. *Però il mondo gira ancora* – die Welt dreht sich noch immer, Gott hat sich's offenbar anders überlegt, und auch sonst ist nichts eingetroffen. *No, Matto mio*, es gibt keine Wunder, außer denen, die wir selber machen, *ecco*.«

»Und Jesus?«, fragte Matto leise. »Respektiert Ihr nicht einmal ihn, Meister?«

Tutto Eniente lachte listig.

»*Come no!*«, rief er. »*Ma sì che lo rispetto, anzi! Lo ammiro, è il nostro collega più grande* – ich respektiere ihn sozusagen beruflich. *La imitatio Christi* ist mein Ideal. Er war unsereiner, war von unserer Zunft. *Figurati un po':* Erst sagt er an, was er vorführen wird, genau wie wir. Er wird sich kreuzigen lassen, wird danach beerdigt werden, dann wird er auferstehen und herumgehen und zuletzt gen Himmel fahren. Und dann führt er's vor, genau wie wir. *Per Bacco, che programma, ragazzo!* Ich gäb viel drum, wenn ich wüsste, wie er's gemacht hat. Zu Recht ist er mit diesem Trick weltberühmt geworden. Ich bewundere ihn, *che professionista!*«

Matto war bei dieser Rede seines Lehrers blass geworden. Er drehte langsam dem alten Taschenspieler sein Gesicht zu und fragte stockend: »Dann glaubt Ihr auch nicht an Gott?«

»*No*«, sagte der Alte trocken. »Ich nicht. Aber nehmen wir mal an, es gibt Ihn – *embè?* Er macht sich nicht bemerkbar, *il padre eterno*, Er tut so, als gäbe es Ihn überhaupt nicht. Er schweigt, Er ist unsichtbar, Er scheint Wert darauf zu legen, dass wir ohne Ihn auskommen. *E chi sono io* – wer bin ich, dass ich Ihm widerspreche? Wenn Er so tut, als sei Er nicht da, dann tu ich auch so. *Insomma*, ob's Ihn gibt oder nicht gibt, *che differenza fa? Per noi poveri mortalì è lo stesso.* Uns kann's gleich sein, *dunque …*«

»Aber was für einen Sinn hat dann alles?«

»*E che ne so io*, ich hab keine Ahnung, und es interessiert mich auch nicht. Ich kann auch ohne Sinn leben. Wenn es nämlich einen Sinn gibt, den nur Er allein kennt, dann hilft uns das *ben poco* – herzlich wenig. Gibt's aber keinen, wozu zerbrechen wir uns dann den Kopf? *No, no, Matto*, gib dich zufrieden und hör auf, nach Wundern zu suchen. Wir werden durch Zufall in die Welt gesetzt, und durch Zufall treten wir wieder ab. Dazwischen haben wir Zeit für ein bisschen Gaukelspiel. Manche Leute wollen reich werden; manche suchen die Macht oder sonst ein Glück. Die Unwissenden machen sich Illusionen, die Wissenden machen Illusionen für die anderen. *Ecco la differenza! E ti dico una cosa:* Ohne Hoffnung und ohne Gewissen lebt sich's leichter. *Allora, buttale via!* Wirf sie weg.«

Nach diesem Gespräch ging eine Änderung mit Matto vor sich. Noch nie, seit er lebte, war die Traurigkeit ganz von ihm gewichen. Zuzeiten war sie nur ein wenig in den Hintergrund getreten, aber sie hatte ihn immer und überall begleitet. Jetzt aber schwand sie mehr und mehr, je länger er über Tutto Enientes Worte nachdachte. Er fühlte sich auf eine ihm ganz neue Art leicht und ledig. Da er in diesen Dingen unerfahren war, hielt er dies neue Gefühl für die Leichtigkeit der Freiheit. In Wahrheit war es aber die Leichtigkeit der Leere.

Wenige Monate später starb der alte Wunderdoktor auf einer Strohschütte im Winkel eines verlassenen Dorfgasthauses an einer Wunde, die ihm plündernde Marodeurs geschlagen hatten, denn der Krieg zog durch jenes Land. All seine eigenen Zauberelixiere konnten ihm da nichts mehr helfen. Matto beweinte ihn nicht, er begrub ihn nicht einmal, sondern zog seines Weges allein weiter. Da er Hoffnung und Gewissen weggeworfen hatte und keinen Sinn mehr in alledem suchte, schaute er weder rückwärts noch vorwärts, sondern lebte nur noch den Augenblick. Vielleicht begann gerade deshalb von diesem Tag an sein Stern als Scharlatan unaufhaltsam zu steigen.

Als Erstes wechselte er abermals seinen Namen. Er nannte sich von nun an Conte Athanasio d'Arcana und verbreitete das Gerücht, er sei über dreihundertfünfzig Jahre alt und im Besitz des Lebenselixiers. Aus seiner eigenen ehemaligen Wundersüchtigkeit und Sehnsucht nach dem Übernatürlichen heraus wusste er besser als jeder andere, womit die Menschen zu faszinieren waren. Er vervollkommnete, was er von seinem alten Lehrer gelernt hatte, und übertraf ihn bald in jeder Hinsicht bei Weitem. Wohin er auch kam, versäumte er keine Gelegenheit, sein Können zu erweitern. Hörte er von Wundertätern und Zauberern, die Kunststücke ausführten, deren Prinzip ihm noch unbekannt war, so folgte er ihnen unerkannt, ging in ihre Vorstellungen, verschaffte sich Zugang zu ihren Apparaturen und studierte die Sache, bis er sie durchschaut hatte, dann machte er daraus etwas weit Besseres und Wirkungsvolleres. Bisweilen kaufte er ihnen ihr Geheimnis auch für schweres Geld ab, an dem er niemals mehr Mangel hatte.

Er zog nun nicht mehr nur von Dorf zu Dorf und von Stadt zu Stadt, sondern bald schon wurde er in die Häuser der Vornehmen und Mächtigen gerufen, sogar in die Paläste der Fürsten und Könige, um sie mit seiner Kunst in Erstaunen zu setzen. Der König von Polen gab gar ein Fest zu Conte d'Arcanas Ehren, und der Sultan von Konstantinopel wollte ihn ernstlich zu seinem Finanzminister ernennen, um durch ihn auf magische Weise seinen Staatshaushalt ein für alle Mal zu sanieren. In Ägypten gründete sich eine Sekte, die ihn als »Wiedergeborenen Hermes Trismegistos« verehrte, und in Spanien wäre er um ein Haar als Nekromant auf dem Scheiterhaufen verbrannt worden, hätte er nicht dem Großinquisitor Kardinal einige seiner besten Zaubertricks verraten und beigebracht, die dieser späterhin selbst bisweilen seinen erlauchten Gästen vorzuführen pflegte.

Die seltsame Düsternis und die Aura von unberührbarer Melancholie, welche den Conte Athanasio d'Arcana umgab, machte ihn übrigens höchst anziehend für die Damen, vorzüglich die der höchsten Stände, gerade weil er keinerlei Wert auf ihre Zuneigung zu legen schien. Und da er sich daran gewöhnt hatte, sich selbst, seine eigene Person, mit einer Art kalter Gleichgültigkeit, ja geradezu

Achtlosigkeit zu behandeln, überließ er sich jeder Verführung, ohne zu unterscheiden, ob diese ihn in harmlose oder gefährliche Abenteuer verstrickte, ob sie schwärmerischer oder lasterhafter Art war. Doch jeder ernsthaften Bindung entzog er sich mit großer Geschicklichkeit. Bis zu seinem zweiundvierzigsten Lebensjahr währte diese Zeit seines ständig noch wachsenden Ruhmes und Glanzes, und in kaum einer Chronik jener Dezennien fehlt der Name des Conte Athanasio d'Arcana, wenngleich er freilich fast immer im Zusammenhang mit skandalösen Ereignissen genannt wird.

Es ist nicht bekannt, in welchem Lande ihm das folgende Erlebnis widerfuhr, das seinem Leben abermals eine völlig neue Wendung geben sollte. Es ist anzunehmen, dass er sich auf der Flucht vor einem betrogenen Ehemann oder einem anderweitig Geprellten befand, der ihm auf die Schliche gekommen war, als er sich in einer Felsenwildnis rettungslos verirrte.

Ob das Ereignis, welches hier auf ihn wartete, überhaupt auf der Ebene äußerer irdischer Wirklichkeit stattfand oder auf der höheren eines überwachen, visionären Traumes, mag jedem, der davon hört, zur eigenen Beurteilung überlassen bleiben. Conte Athanasio d'Arcana jedenfalls erlebte es mit deutlicherer Stärke als alles, was er bisher erfahren hatte. Es war gegen Abend, und er fand sich unversehens vor einer hohen, zyklopischen Mauer, die sich nach beiden Seiten unabsehbar weit erstreckte. Nachdem er eine Weile an dieser Mauer entlang gewandert war, stand er vor einem gewaltigen Tor, das ihm aus einem unbekannten, bläulich schimmernden Metall zu bestehen schien. Die Flügel waren geschlossen und überaus kostbar mit Bildern und Figuren geziert. Auf dem hochgewölbten Bogen darüber standen Worte, die er las und zugleich in seinem Inneren vernahm wie eine Stimme, obgleich tiefstes Schweigen herrschte:

DIES IST DAS TOR
ZUR WELT DER WAHREN WUNDER.
WER REINEN HERZENS IST,
DER TRETE EIN.

Athanasio d'Arcana stand bewegungslos und las die Inschrift wieder und wieder. Sein Geist weigerte sich, deren Bedeutung aufzunehmen, aber nach und nach drang sie doch in sein Bewusstsein wie ein verzehrendes Feuer, in dem seine ganze schimärische Identität verbrannte wie eine Strohpuppe. All das Heimweh, all die schluchzende Sehnsucht seiner Kindertage, die er längst überwunden und abgelegt glaubte, brach mit doppelter und dreifacher Gewalt aus den Tiefen seiner Seele hervor und zerriss ihm das Herz.

Er hatte endlich gefunden, wonach er sein Leben lang gesucht hatte – aber nun war es zu spät. Er wollte auf das Tor zugehen, um zu pochen und um Einlass zu bitten, aber im gleichen Augenblick befiel ihn so übermächtige Angst, dass sie ihn buchstäblich lähmte. Er konnte kein Glied rühren, der Schweiß rann ihm übers Gesicht. Er wusste, dass hinter jener Schwelle das ganz andere wartete, dem er sich überlassen und ausliefern musste, auch wenn sein winziges Ich dabei in Millionen Atome zerstäuben würde. Er wusste, dass er nicht mehr würde leben können, wenn er jetzt nicht über diese Schwelle ging. Und er wusste, dass er den Mut dazu nicht hatte. Er war unwürdig. Er hatte das Recht zum Eintritt in seine Heimat für immer verwirkt.

Aber er konnte auch nicht mehr fortgehen. Er war an dieser Stelle festgebannt, reglos wie eine Mücke im Bernstein. So stand er die ganze folgende Nacht und den nächsten Tag.

Dass er gestohlen, gelogen und betrogen hatte, war hier von keinerlei Bedeutung, das fühlte er mit großer Klarheit. Selbst wenn er gemordet hätte, wäre es noch immer möglich gewesen, im Sinne dieser Inschrift reinen Herzens zu sein. Aber er hatte seinen eigenen tiefsten Glauben an das Wunderbare verraten und verkauft. Das war die Sünde wider den Geist jenes Reiches, die ihm nicht vergeben werden konnte, weil er selbst sie sich nicht vergab. Er hatte das Erstgeburtsrecht, Bürger jener Welt zu sein, eingetauscht gegen das Linsengericht eines fragwürdigen Ruhms und Reichtums in einer fragwürdigen äußeren Wirklichkeit. Wie er einstmals ein Fremdling diesseits der Schwelle gewesen war, so war er nun erst recht und für immer ein Ausgestoßener jenseits geworden. Jeder andere, den sein Schicksal zu diesem Tor führte, durfte ohne Zögern eintreten, jeder – nur er nicht. Ihm war der Eintritt unwiderruflich verboten.

Als der nächste Abend sich über die Wildnis senkte, drehte er sich um und ging fort. Während er durch die helle Mondnacht wanderte, prägte er sich sorgfältig jeden bizarren Felsen und jeden auffälligen Baum ein und zeichnete den Verlauf seines Weges mit unauslöschlicher Tinte in seinem Gedächtnis auf. Er tat das nicht in der Absicht, den Pfad vielleicht doch noch irgendwann einmal für sich selbst wiederzufinden, sondern er wollte anderen, die würdiger waren als er und die suchten, wie er einst gesucht hatte, helfen können, das Tor zur Welt der Wahren Wunder zu finden. So wäre sein Leben am Ende doch nicht ganz nutzlos vertan. Nach sieben Tagen und sieben Nächten kehrte er, halb tot von den Entbehrungen und mit zerrissenen Kleidern, in die Welt der Menschen zurück. Da er noch Geld bei sich hatte, nahm ihn ein Wirt bei sich auf und gab ihm eine Schlafkammer. Dort lag er fast einen Monat krank.

Während dieser Zeit bildete sich in ihm die Vorstellung, die ganze Menschheit sei eine unendlich lange Kette, die den Himmel mit der Erde verband. Kein Glied in dieser Kette war für sich selbst von Bedeutung, jedes hing mit anderen zusammen und diente dem Ganzen. Und die Glieder in der Höhe zählten dabei nicht mehr als die in der Tiefe. Wo auch immer ihr Platz war, waren sie gleichermaßen wichtig. Aus diesem Bild schöpfte er Trost.

Nach seiner Genesung wählte er für sich noch einmal einen neuen Namen, denn der alte war mit seiner bisherigen Existenz verbrannt. Er nannte sich jetzt Indicavia, das heißt der »Wegweiser«.

Wenn die Leute ihn fragten, was dieser Name bedeuten solle, pflegte er ihn so zu erklären: Ein Wegweiser ist nicht mehr als ein Stück Holz ohne eigenen Wert, verwittert vielleicht und sogar morsch. Er selbst kann nicht lesen, was auf ihm geschrieben steht, und könnte er's auch, er würde es doch nicht verstehen. Auch kann er niemals dorthin gehen, wohin er weist, im Gegenteil, sein Zweck ist es stehen zu bleiben, wo er steht. Das kann überall sein, jeder Ort ist gleich gut, außer einem einzigen, nämlich dem, auf den er weist. Das ist die einzige Stelle, wo er ganz und gar nutzlos und ohne Sinn wäre. Und eben weil er dort nicht ist, wohin er weist, ist er demjenigen dienlich, der den Weg dorthin sucht.

Die Leute schüttelten den Kopf über solche wirre Rede oder hielten sie für Mystifikation.

Unter dem Namen Indicavia also nahm er seinen alten Beruf wieder auf, da er ja keinen anderen erlernt hatte, aber er betrieb ihn nun anders als vorher. Er benützte sein Können von da an nicht mehr, die Menschen ernstlich glauben zu machen, dass er übernatürliche Gaben besitze und tatsächlich Mirakel vollbringe. Er erklärte ihnen bei jeder Darbietung, dass alles, was er ihnen zeigte, nichts sei als Fingerfertigkeit und Taschenspielerei, durchaus natürlich zu erklären und vorgeführt nur zum Ergötzen seines Publikums. Aber schon bald musste er die Erfahrung machen, dass er eben dadurch die Gunst und das Interesse seiner Zuschauer verscherzte. Tutto Eniente hatte recht gehabt, als er sagte, die Menschen wollten betrogen sein. Weder den hohen Herrschaften noch dem einfachen Volk lag irgendetwas an erklärbaren Kunststücken. Doch als Indicavia dann auch noch anfing, öffentlich zu bekunden, dass all seine Darbietungen nichts anderes sein wollten als ein Hinweis auf die Welt der Wahren Wunder, vor deren Schwelle er gestanden habe und zu der er jedem ernstlich Suchenden den Weg beschreiben könne, da wurde er einfach ausgelacht und ein paarmal sogar verprügelt. Man hielt ihn für einen Verrückten oder einen Schwindler. Solange er sie betrogen hatte, hatte alle Welt ihm geglaubt. Seine einzige Wahrheit aber wurde ihm als Betrug ausgelegt.

Von da an schwieg Indicavia über sein Geheimnis und beschränkte sich auf das Bekenntnis, nichts als Taschenspielerei zu zeigen. So zog er weiter von Jahrmarkt zu Jahrmarkt und von Spelunke zu Spelunke. Viel war es nicht mehr, was die Leute für seine Kunststücke zu geben bereit waren, doch reichte es immerhin, um sein Leben zu fristen. In den folgenden Jahren entwickelte er eine untrügliche Witterung für »heimatlose Seelen«, wie er es in Erinnerung an seine eigene Jugend und Kindheit nannte. Er machte dabei keinen Unterschied zwischen Huren und Bürgerstöchtern, Adeligen und Landstreichern, Hochgebildeten und armen Köhlern. Er maßte sich nicht an, die innere Reife oder Würdigkeit anderer zu beurteilen, da er ja wusste, dass die Welt der Wahren Wunder ganz andere Maßstäbe anlegt als die diesseitige. Er fand eine Gelegenheit, insgeheim mit solchen Personen zu reden und ihnen den Weg zu jenem Tor zu weisen. Und einige von ihnen machten sich tatsächlich auf die Reise.

Die Zeit, man weiß es, heilt nicht nur alle Wunden, sie raubt uns auch die Wirklichkeit unserer Erinnerungen. Je älter Indicavia wurde, desto weniger sicher war er sich, einst tatsächlich vor jenem geheimnisvollen Tor gestanden zu haben. Er wehrte sich mit aller Gewalt dagegen, und doch überfielen ihn immer häufiger Zweifel, ob jenes Erlebnis nicht doch nur die Ausgeburt seines eigenen Wunsches gewesen sei, dass irgendetwas dieser Art irgendwo vorhanden sein müsse. Mehr und mehr, wenn er einem davon sprach und ihm den Weg dorthin wies, schien es ihm, als erinnere er sich im Grunde nur noch an seine früheren Erzählungen. Und jedes Mal wuchs in ihm die Verachtung seiner selbst.

Die meisten von denen, die seiner Weisung gefolgt waren, sah er nie mehr wieder. Er nahm an, dass sie durch ihn den Weg zur Welt der Wahren Wunder gefunden hätten. An diesen Gedanken klammerte er sich wie der Schiffbrüchige an eine Planke. Doch dann geschah es, viele Jahre später, dass er eine dieser Personen wieder traf. Das war in einem holländischen Hafenbordell, in dessen fetter Patronin er ein seinerzeit engelhaft schönes und unschuldiges Mädchen wiedererkannte, dem er sein Geheimnis anvertraut hatte. Von ihr erfuhr er, dass sie das Tor dort, wo er es beschrieben hatte, nicht gefunden habe. Sie zieh ihn der Lüge und bezichtigte ihn, schuld an ihrem schlimmen Schicksal zu sein, da eben jene Reise, auf die er sie geschickt hatte, für sie zum Verhängnis geworden sei.

Von da an begann Indicavias Geist sich zu verwirren. Die einzige Rechtfertigung seines absurden Lebens war ihm noch die gewesen, in aller Demut wenigstens ein Wegweiser zu sein. Doch nun hatte sich auch das als Illusion entpuppt. Es blieb ihm nichts mehr. Wirklichkeit und Schein, Wahrheit und Trug, Gott und Welt – alles erschien ihm nun als ein wesenloses Gaukelspiel, ein wirrer Traum, den niemand träumte. Und irgendwo in diesem Labyrinth des Irrsinns stand er selbst, ein Wegweiser, der nirgendwohin wies.

Er verstummte so endgültig, als habe er die Sprache verloren. Alle Worte ekelten ihn, und er versuchte, auch nicht mehr zu denken. Das wenige Geld, das er noch hatte, versoff er in Diebesspelunken, und wenn er vollkommen betrunken war, lachte er ob der Leere der Welt. Wenn seine Kumpane ihn aufforderten, eines seiner Kunststücke vorzuführen, dann schüttelte er nur eigensinnig den Kopf. Es schien ihm nicht mehr der Mühe wert, in dem großen Trug und Traum des Daseins auch noch seinen kleinen, persönlichen zu produzieren, und sei's auch nur zur Unterhaltung des Gesindels. Durch diese Exzesse begann sein Körper zu verfallen und sein Kopf dumpf zu werden. Seine Geschicklichkeit, in langen Jahren der Übung gewonnen, ging rasch verloren. Doch daran lag ihm nichts mehr. Er war jetzt nicht mehr imstande, irgendetwas zu wollen. Er ließ sich einfach fallen, und er fiel tief. Niemand mehr hätte in dem armseligen Bündel Mensch, das da meist schnarchend in Straßengräben herumlag oder in den Kaschemmen bettelte, den ehemals so gefeierten Conte Athanasio d'Arcana erkannt.

Da er kein Ziel mehr hatte, achtete er nicht auf den Weg, den er nahm, und so kam es, dass er, ohne es zu wollen, noch einmal in jene Wildnis geriet, in der er das Tor zur Welt der Wahren Wunder vor langer Zeit geschaut hatte. Aber das Tor war nicht da.

Ein Unwetter braute sich am Himmel zusammen und es begann heftig zu regnen. Der erste Blitz fuhr vor Indicavia nieder und verharrte bewegungslos wenige Schritte vor ihm. Indicavia riss die Augen auf und wurde nach und nach gewahr, dass der Blitz nichts anderes war als ein Spalt im Tor zur Welt der Wahren Wunder, dessen Flügel nun ein wenig offen standen, sodass ein unvergleichliches, nie geschautes Licht herausdrang und die Landschaft erhellte.

Er las noch einmal die Inschrift auf dem Bogen über dem Tor und wagte nicht einzutreten, jetzt noch weniger als damals. Er blickte nur mit unaussprechlicher Sehnsucht in diese Klarheit, und ein kurzes, tränenloses Schluchzen schüttelte ihn. Da hörte er plötzlich, wie das Licht zu ihm redete.

»Warum hast du uns so lange warten lassen? Mein Freund, warum bist du nicht gekommen, da du doch gerufen warst?«

Indicavia fühlte, dass dieses Licht ihn anblickte und ihn vollkommen durchschaute. Mit bebenden Lippen antwortete er:

»Wie konnte ich eintreten, da ich doch ganz und gar nicht würdig war?«

Kaum hatte er das gesagt, blitzte es vor seinen Augen und donnerte es in seinen Ohren und er überschlug sich mehrmals rückwärts, so gewaltig war die Maulschelle, die ihn getroffen hatte. Er blieb mit ausgestreckten Beinen auf dem Boden sitzen, rieb sich die Backe und fragte sich verwundert, warum er keinen Schmerz empfand. Es war eher wie eine heilsame Erschütterung gewesen, durch die etwas in ihm zurechtgerückt worden war, und wonach er sich nun um vieles besser und um Jahre verjüngt fühlte. Trotzdem sagte er: »Habe ich es an Demut fehlen lassen, so bitte ich dich, mich zu belehren. Habe ich es aber nicht, warum schlägst du mich so hart?«

Als Antwort hörte er ein leises Lachen, doch klang es weder spöttisch noch belustigt, sondern überaus tröstlich, so als würde er in die Arme genommen und leise gewiegt.

»Das war dafür«, sagte das Licht, »dass du geglaubt hast, über dich selbst urteilen zu können.«

Dieses Wort verwirrte Indicavia nun vollends. Wenn überhaupt jemals etwas an ihm gut gewesen war, so war es doch gerade, dass er sich selbst verworfen hatte, dass er in diesem einzigen Punkt wahrhaftig geblieben war. Wenn er auch darin oder gerade darin gefehlt hatte, so verstand er überhaupt nichts mehr. Nur eines schien ihm klar: Das Licht, dem er da gegenüberstand wie einer Person, hatte ihn mit diesem Schlag zurückgewiesen. Und damit war er einverstanden. Er stand auf und näherte sich ein paar zögernde Schritte dem Tor.

»Es wäre nicht nötig gewesen«, sagte er, »mich so streng abzuweisen, da ich nicht die Absicht hatte, unerlaubt über die Schwelle zu treten. Mögen deine Gründe und meine auch noch so verschieden sein, so sind wir uns doch einig darüber, dass ich dort drüben nichts mehr zu suchen habe. Aber ich habe einigen anderen den Weg hierher gewiesen, und ich wüsste gern, ob sie das Tor gefunden haben und hineingekommen sind.«

Abermals blitzte es vor seinen Augen und dröhnte der Donner in seinen Ohren und er überschlug sich rückwärts, bis er zum Sitzen kam. Diesmal rieb er sich die andere Wange, obgleich sie auch jetzt nicht wirklich schmerzte.

»Warum schon wieder?«, wagte er nur noch flüsternd zu fragen.

»Weil du glaubtest«, antwortete das Licht, »wir seien je deiner Hilfe bedürftig gewesen, um zu rufen, wen immer wir wollen.«

Da begann Indicavia zu begreifen, dass es vor diesem Licht weder um irgendeine Schuld noch um irgendein Verdienst ging. Vor dem ganz Anderen gab es nichts dergleichen. Noch einmal rappelte er sich vom Boden auf, trat ein paar Schritte vor und fragte: »Wer bist du?« Unwillkürlich hob er den Arm, einer dritten Maulschelle gewärtigt. Aber die blieb aus.

»Ich«, antwortete das Licht, »bin du. Und nun komm!«

Da verbeugte sich Indicavia tief und trat über die Schwelle.

Der Blitz erlosch.

Hier verlieren sich Indicavias Spuren. Es ist unbekannt, ob er später, abermals unter anderem Namen, ein anderes Leben in der Menschenwelt führte, in aller Verborgenheit, oder ob dies sein Tod war. Es macht wohl auch keinen so großen Unterschied; in jedem Falle war er zum Ausgangspunkt seines irdischen Daseins zurückgekehrt, denn es wird erzählt, dass der erste und der letzte Blitz in Wirklichkeit ein und derselbe gewesen sei. Es gibt Augenblicke, die senkrecht und unverrückbar auf dem Strom der Zeit stehen, der unter ihnen hindurchfließt. Und wenn diese Augenblicke das Tor zur Welt der Wahren Wunder sind, hinter dem das ganz Andere liegt, so endet hier allemal die Person des Hieronimus Hornleiper, alias Matto, alias Conte Athanasio d'Arcana, alias Indicavia. Und damit endet auch diese Geschichte.

Anmerkungen

1 *Die Einsamkeit des Minotaurus* von Luis de Góngora y Argote, spanischer Dichter 1561–1627. Das Zitat stammt aus dem Traktat zum fünften, nur geplanten Teil der unvollendeten Versdichtung *Soledades,* als selbstständiger Druck erst 1631, vier Jahre nach dem Tode des Dichters, herausgegeben.

2 *Die Finsternisse Gottes,* Rom 1601: Das einzige erhaltene Exemplar befindet sich heute in der Vatikanischen Bibliothek.

3 *Höllische und himmlische Baukunst,* Mantova 1616: Das handschriftliche Original befindet sich in der Biblioteca Nacional, Buenos Aires.

4 *Der babylonische Turm,* ohne Erscheinungsjahr.

5 Die Namen sind im Brief ausgeschrieben, wurden aber vom Herausgeber auf die Initialen reduziert.

6 Im Brief an den Rand geschrieben: *Leider habe ich niemals die genaue Lage des Hauses in Bezug auf die Himmelsrichtungen festgestellt. Mag sein, dass diese wie bei der großen Pyramide von Gise von Bedeutung gewesen wäre.*

7 Im Brief an den Rand geschrieben: *Diese Angst war damals nicht so fantastisch, wie sie heute manchem erscheinen mag. Schon mehrere Personen unseres Ortes waren über Nacht abgeholt worden und nie zurückgekehrt.*

8 Im Brief an den Rand geschrieben: *Die zerbrochene Scheibe wurde übrigens in der ganzen nachfolgenden Zeit nicht repariert. Vielleicht wurde der Schaden nicht einmal bemerkt.*

9 Wie Gott will

10 Der islamische Teufel

11 Die Nacht der göttlichen Macht

12 Empfangsraum

13 Wasserpfeife

14 Mädchen des Paradieses, die allmorgendlich von Neuem Jungfrauen sind.

15 Moschee

16 Dämonisches Wesen, das sich von Leichen ernährt.

17 III ist in der orientalischen Numerologie die Zahl der Narrheit.

18 Aus den Ghaselen des Nureddin al Akbar, um 1130.

19 Gemeint ist hier offenbar Buridan.

Der Autor

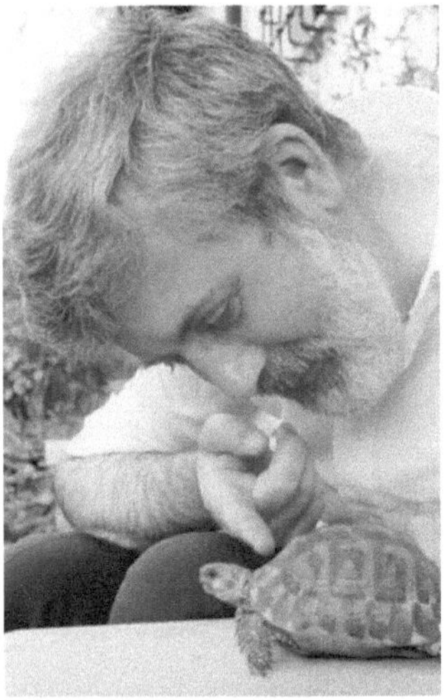

© Caio Garrubba

Michael Ende (1929–1995) ist einer der erfolgreichsten deutschsprachigen Schriftsteller. Neben Kinder- und Jugendbüchern schrieb er poetische Bilderbuchtexte, Bücher für Erwachsene, Theaterstücke, Gedichte und Essays. Michael Endes Werke wurden in über 40 Sprachen übersetzt und erreichen heute eine Gesamtauflage von über 33 Millionen Exemplaren. Viele seiner Bücher wurden verfilmt und sind auch aus Funk und Fernsehen bekannt. Mehr Infos zu Michael Ende unter www.michaelende.de